Die Autorin

Ingrid Schlieske ist Autorin von 23 Sachbüchern und Kinderbüchern. Diese konnten bereits über 800.000 Male verkauft werden. Drei von ihnen haben Bestsellerzahlen erreicht, das „Japanische Heilströmen" sogar doppelt.

Es ist für Ingrid Schlieske wichtig, ihren Leserinnen und Lesern zu vermitteln, gut für sich selber zu sorgen und dafür *Selbsthilfemethoden* anzuwenden, die nützen, ohne zu schaden. Es ist ja inzwischen kein Geheimnis mehr, dass auch gut gemeinte Medikamente, die zunächst scheinbar helfen, Nebenwirkungen, zum Teil heftige Nebenwirkungen haben. Kurzfristige Heilerfolge sind oft teuer erkauft. Viele der pharmazeutischen Produkte machen eben leider langfristig krank und schwächen den Organismus, sodass oft erst nach Jahren oder Jahrzehnten ungute Folgeschäden spürbar sind. Ingrid Schlieske warnt deshalb vor der bedenkenlosen Anwendung von Medizinalgiften, wenn es natürliche Alternativen gibt. Sie stellt dafür besonders die energetischen Heilweisen vor, die sich hervorragend zur Selbsthilfe eigenen und die in der Anwendung gar nichts kosten, denn die Fingerspitzen hat man immer dabei. Ansonsten weist sie auf einen empfehlenswerten *Lifestil* hin, der dabei hilft, Krankheiten gar nicht erst entstehen zu lassen. In ihrem eigenen Leben hat Ingrid Schlieske unzählige Tipps und Tricks zu einem Erfahrungsschatz zusammengetragen, den sie mit ihren Lesern gerne teilen will. Das gemeinsame Ziel soll sein, *Fit und gesund bis ins hohe Alter zu werden und zu bleiben*. Dafür stellt sie „ihre" Maßnahmen vor, die sie bei den eigenen Alltags- und Altersbeschwerden erfolgreich anwendet. Diese Auflistungen sind weder als Anweisungen gedacht, noch erheben sie einen Anspruch auf Vollständigkeit. Wohl aber kann hier ein motivierender Fundus genutzt werden, wenn es zu Gesundheitseinbrüchen kommt. Die einfachen Selbsthilfemethoden und bewährtes Traditionswissen sollen das körpereigene Reparatursystem pflegen und aktivieren.

Und genau dafür wollen auch die RATGEBER die Ingrid Schlieske zu ihren Themen verfasst hat, Hilfestellung bieten.

Die (geheimen)

Baustellen

im Alter

ein sehr privates Buch über
eigene Erfahrungen
Selbsthilfe – Hausmittel - Traditionswissen

Impressum

Bibliographische Information der
Deutschen Nationalbibliothek
Die Deutsche Nationalbibliothek
verzeichnet diese Publikation
in der Deutschen Nationalbibliothek;
detaillierte bibliographische Daten
sind im Internet über www.dnb.de abrufbar

Herstellung und Verlag
BoD – Books in Demand, Norderstedt
ISBN 978-3-7528-6920-0

Inhaltsverzeichnis

Inhaltsverzeichnis Fortsetzung

Artikel zu den Themen

Liebe, nicht mehr so ganz junge, Leserinnen und Leser,

Ich möchte Ihnen einige Geheimnisse verraten, die in Wirklichkeit keine sind. Denn ein paar geniale Tipps und Tricks habe ich der Natur abgeschaut und die will ich gerne mit Ihnen teilen, damit auch Sie gut „über den Winter" kommen.

Das Alter ereilt uns alle. Wie wir es aber erleben, wie wir damit umgehen, das entscheiden wir selber. ***Heilung folgt der Aufmerksamkeit.*** Und wie wir diese auf diese Aufmerksamkeit auf die eigene Person richten, ist maßgeblich dafür, wie es uns auf dem eigenen Lebensweg ergeht.
Freilich, wir werden alle älter und Materialermüdung ist unausweichlich. Wie heftig, oder aber wie milde diese ausfällt, das kann tatsächlich in den meisten Fällen gesteuert werden. Alter ist schließlich keine Krankheit, es kann aber der Auftakt zu einer neuen, einer interessanten, einer spannenden Lebensphase sein.

Dafür ist es wichtig zu wissen:" wer freudig ins Alter geht im Bewusstsein, dass ihn Positives erwartet und Wichtiges gelingen wird, kann mit zusätzlichen bis zu 7 Lebensjahre belohnt werden, wie es diverse, weltweit veröffentlichte Studien verheißen".

So klingen die Schlussfolgerungen, die Forscher weltweit in ihren Studien veröffentlichen. Damit ist freilich nicht gemeint, dass man es kaum erwarten kann, älter zu werden, sondern dass einem die absolute, innere Gewissheit innewohnt, dass es Gutes ist, was die Zukunft mit sich bringen wird. Anders, aber gut! Und das können neue Herausforderungen und interessante Pläne und vielleicht auch neue Freundschaften sein.
Ich selbst habe jedenfalls vor, topfit und lebensfroh in die nächsten 20 Jahre zu gehen. Dann bin ich erst 100. Mal sehen, was dann passiert. Jetzt aber soll es Erstmal darum gehen, ohne große Mühe, die alltägliche Gesundheit zu bewahren,

Mein kleiner RATGEBER will auch Ihnen dabei helfen, übliche Begleiterscheinungen des Alterns mit natürlichen Mitteln zu überwinden und pfiffige Lösungen für Alltagsprobleme- oder Problemchen zu finden.

Dieses soll kein Medizinbuch werden. Und ein Feldzug gegen die Schulmedizin schon gar nicht. Aber bevor wir mit Kanonen auf Spatzen schießen, ist es vielleicht ratsam sich zu vergewissern, wann es sich erübrigt, in die Ferne (der Medizin) zu schweifen, obwohl das Gute und Einfache (Selbsthilfe) doch oft so nahe liegt.

Und das Gute ist oftmals die SELBSTHILE und auch die Apotheke der Natur, die seit Hunderten von Jahren auch unseren Vorfahren zur Verfügung stand.

Hilf Dir selbst, dann hilft Dir Gott.

Damit ist nichts Anderes gemeint, als dass wir uns der Instrumente bedienen dürfen, die uns üppig und großzügig zur Verfügung stehen. Es gibt nämlich tatsächlich nur einen einzigen Menschen, der uns gesundmachen kann und das ist man selbst. Ärzte, Heilpraktiker, Therapeuten hingegen, sollen die kompetente Assistenten sein, deren Hilfe uns im Ernstfall zur Verfügung stehen.

Die erste Frage bei einem gesundheitlichen Einbruch sollte also lauten:

„Was kann ICH selber tun?"

Viele Wege führen nach Rom. Ich habe in diesem RATGEBER einmal aufgelistet, was ich in den verschiedenen Fällen tue. Es versteht sich, dass damit nicht alle Anliegen abgedeckt werden können, die Ihnen vielleicht in Ihrem Leben begegnen.

Ich erzähle lediglich, was ICH in bestimmten Fällen getan habe. Das kann Sie vielleicht dazu motivieren, meine Erfahrungen auch für sich zu nutzen, oder sich ebenfalls kundig zu machen, um auch eigene, natürliche (Aus-)Wege zu finden Vor einem solchen Handeln jedoch steht die die Selbstbeobachtung und der Wille, stark und gesund in die späten Jahre zu gehen. Wer sich ernsthaft mit der eigenen Gesundheit auseinandersetzt, weiß, dass zu einem wirkungsvollen *Instandhaltungsprogramm* eine sogenannte Basis-Lebensführung gehört.

Dazu zähle ich, neben der Sorge für einen intakten Körper, auch das Training für einen klaren Geist und die Pflege einer heiteren Seele.

Besonders auch die Gemütslage spielt nämlich bei der Krankheitsentstehung, wie auch ihrer Überwindung, oft eine entscheidende Rolle.

Ich „*sehe auch immer erst in der Seele nach*", wenn ich körperliche Beschwerden habe. Und meistens werde ich fündig und kann erkennen, was mir die Symptome sagen wollen.

Und genau darum die geht es mir. Ich will dabei helfen, auch Ihren Alltag zu erleichtern. Meine Leser will ich dazu auffordern, keine gesundheitlichen Einbrüche auf sich sitzen zu lassen. Der Kampf dagegen lohnt sich immer, und wenn es nur gelingt, das Schlimmste abzuwenden, oder die Beschwerden zu mindern.

Nein, von schweren, sogar chronische Erkrankungen ist hier nicht die Rede. Obwohl ich grundsätzlich bereit bin auch denen „die Wacht anzusagen". Dabei und überhaupt bemühe ich erfolgreich energetische Methoden, wie das Japanische Heilströmen und MERIDIANKLOPFEN. Ich freue mich, dass ich Ihnen auch dafür die passenden Instrumente an die Hand geben kann.

Diese Methoden können immer und überall ihren Einsatz finden. Sie sind wirkungsvoll und kosten nicht. Denn – seine Fingerspitzen, die man dafür braucht, hat man immer dabei.

Denken Sie also an unseren INNEREN HEILER (Paracelsus), der leicht zu beeinflussen ist, sich für Heilungen und jedwedes Erfolgsstreben stark zu machen bereit ist. Aber dafür muss er eben deutlich angesprochen werden. Ergänzend zu meinen Ausführungen habe ich diverse RATGEBER darüber geschrieben und die ich Ihnen noch vorstellen will. Ich wünsche Ihnen nun eine schöne und gelungene, eine gesunde und starke Zukunft.

Herzlichst, Ihre Ingrid Schlieske

Gicht

Wer an Gicht leidet, weiß, was Schmerzen sind. Gicht gehört zu den häufigsten Volkskrankheiten der Industrieländer. Der Grund dafür ist ein erhöhter Harnsäurespiegel.

Bei einem zu hohen Harnsäurespiegel kommt es zu Ablagerungen von Harnsäure.kristallen in den Gelenken, die richtig, richtig weh tun. Daraus ergeben sich anfallartige Schmerzen und eine Verformung von Gelenken. Dies zeigt sich oftmals besonders an den Großen-Zeh-Gelenken.
Gicht ist eine Stoffwechselkrankheit, die auch als Wohlstandskrankheit bezeichnet wird. Sie gilt als schwere Form der Arthritis, die schlimme Verformungen der Gelenke, aber auch Schädigungen von inneren Organen zur Folge haben kann. Wenn sie unbehandelt bleibt, kann sie chronisch werden kann auch zu Nierensteinen führen.

Eine ursächliche Bekämpfung beginnt mit einer rigorosen Ernährungsumstellung.
Mit Der TRENNKOST beispielsweise ist bereits nach einer einzigen Anwendungswoche der Harnsäurewert m e s s b a r erniedrigt.
Ich kenne kaum eine wirksamere Therapie.
Aus dem Grund habe ich andere Ratschläge an dieser Stelle weggelassen.

Meine Empfehlungen sind:

1. Ich selbst habe beste Erfahrungen mit der TRENNKOST gemacht, deshalb empfehle ich diese so engagiert. Schon nach einer einzigen Woche der Anwendung zeigen sich deutlich messbare, niedrigere Harnsäurewerte.

a. Allerdings genügt dafür nicht alleine das „Trennen" der Lebensmittel, sondern besonders in dem vorgegebenen Rahmen der bevorzugte Verzehr von basenbildenden Nahrungsmitteln.

b. Sehr hilfreich ist hierfür das sogenannte „Zauberglas". Das ist ein großes Glas mit mundgerecht geschnittenem, rohen Gemüse**.**

2. Dass im Falle von akuten Gichtbeschwerden, die purinhaltige Nahrung zunächst komplett weggelassen wird, versteht sich von selbst.

Diese sind insbesondere:

Spinat
Spargel
Gurken
Alkohol
Fleisch
Fleischbrühe
Geräuchertes
Schalentiere
Hülsenfrüchte   **siehe Artikel**

Selten gibt es Krankheiten, bei denen mit Hilfe einer konsequenten Behandlung derart schnelle positive Ergebnisse gelingen können. Davon kann sich jeder Betroffene auf der Stelle überzeugen.

Extratipp: mein RATGEBERBUCH „Anti-Aging-zum-Niulltarif"
                    Kostenloses Video „TRENNKOST Geheimcode derProminenz"

Intertrigo

Was ist das denn? Davon hatte ich nie was gehört. Dabei leiden überraschend viele Mitbürger und Mitbürgerinnen an diesen unangenehmen Beschwerden, wie mir öfter offenbart wurde, nachdem ich das Thema angesprochen hatte.

Bei intensiverem Nachfragen, stellte sich also heraus, dass das beschriebene Beschwerdebild so unbekannt nicht ist, sondern dass es tatsächlich unzählige Betroffene gibt.
Lediglich die Bezeichnung INTERTRIGO ist so populär nicht. Da spricht man dann eher von *Hautwolf*.
Nachdem ich mich kundig gemacht hatte, erfuhr ich, dass es sich hierbei um ein WUNDSEIN handelt, das von schmerzenden und nässenden, sowie juckenden Ekzemen begleitet ist.
Eine solche Erscheinung kann mit der Windeldermatose bei Säuglingen verglichen werden.
Auch wer sich einen „Wolf gelaufen" hat, weiß ein Lied davon zu singen, wie lästig und unangenehm die Begleiterscheinungen sein können und wie lange es dauern kann, bis man wieder beschwerdefrei ist.

Ein solches Beschwerdebild kann sich auch entwickeln, wenn es in Hautfalten, wie bei Übergewicht, zu einem feuchtwarmen Milieu kommt, wie es entsteht, wenn Haut auf Haut gelagert ist.

Dieses feuchtwarme Klima in den betreffenden Hautregionen bietet für diverse Keime und Pilze einen willkommenen Nährboden. Daraus erklärt sich die oftmals rasante Ausbreitung.

Besondes bei älteren Menschen entstehen solche Erscheinungen häufig unter dem Busen, in den Bauchfalten, in der Leistenbeuge und im Bauchnabel.

An den Rändern dieses Befalls, der sich in rasender Eile ausbreiten kann, befinden sich dann oftmals warzenartige feste Gebilde.

Die Schulmedizin hat für die Behandlung diverse Salben zu Verfügung, die den Juckreiz nehmen sollen und verhindern, dass Hautflächen nicht unmittelbaren Kontakt zueinander haben.

Die befallenen Flächen müssen trocken gehalten werden.

Meine Erfahrungen, die mir selbst schnelle Hilfe gebracht haben, den Juckreiz sofort gestoppt haben, ein weiteres Ausbreiten verhinderten und alles schnell zum Abheilen brachten, war - *Selbsthilfe*:

Meine Empfehlungen sind

1. Nur Baumwollwäsche tragen.
2. Aus einem Baumwollhemdchen schnitt ich mir kleine Läppchen, die ich in die entsprechenden Hautfalten, auch in den BH, am Tage einlegte.
3. Meine selbstgemachte Beinwellsalbe wurde täglich morgens und abends üppig aufgetragen. Die Salbenherstellung beschreibe ich kurz in diesem Buch. Ich arbeite jedoch auch an einem kleinen Video, das bei YouTube kostenlos zur Verfügung steht und in dem zu sehen ist, wie einfach eine solche Salbenherstellung auszuführen ist. Man braucht dafür nur Distelöl, getrocknete Beinwellwurzel (Kräuterhaus oder Apotheke) und ein wenig Bienenwachs.
4. Es ist ratsam die Behandlung noch längere Zeit präventiv fortzusetzen.

Ich bin heute komplett beschwerdefrei. Alle Hauterscheinungen sind zurückgegangen, nur noch kleine rosa oder hellbräunlichen Stellen lassen ihr ehemaligen Vorhandensein erahnen.

Rheuma/Arthrose/Arthritis

Ich kenne sie gut, die Schmerzen, die mit Arthrose und Arthritis verbunden sind. Ich erinnere noch sehr gut, wie ich weinend auf meinem Sofa lag und mir meine schmerzhafte und behinderte Zukunft vorstellte.

Der Rheumafaktor war in meinem Blut bereits vor Jahren festgestellt worden. Eine namhafte Orthopädin, die ich nach den ersten schlimmen Schmerzattacken aufsuchte, machte mir wenig Mut und meinte, das wäre eben genetisch angelegt, da könne man nichts machen und eine künstliche Hüfte würde ich zu gegebener Zeit wohl auch brauchen. Ich muss gestehen, dass ich nicht wenig erschrocken war.

Da war also wieder mal mein Kampfgeist gefragt. Ich aktivierte also all mein Wissen und kam zu dem Schluss, dass ich als Vegetarierin einfach zu viel Käse und auch Joghurt zu mir genommen hatte. Auch ein leckerer Quark stand oft auf meinem Speiseplan. Nun war also Verzicht angesagt. Das ist mir gar nicht leichtgefallen, denn ich liebte Käse in allen Varianten. Für den einst geliebten Joghurt habe ich in Sojajoghurt eine wohlschmeckende Alternative gefunden, mit der ich statt mit Quark sogar mein Trennkost-Morgenmüsli anrühre.

Ebenfalls Betroffenen empfehle ich, es doch ebenfalls mit dieser schlichten und natürlichen Selbsthilfeanwendungen zu versuchen. Unzählige betroffenen konnte ich mit diesem Rat ebenfalls helfen.

Allerdings muss ich weiterhin wachsam bleiben. Weiche ich von dem, mir selbst auferlegten Wege ab, spüre ich gleich das ungute Kribbeln in den Knochen meiner Finger, die den drohenden Abbau der Knochensubstanz ankündigen.

Ich bin immer wieder erstaunt, wie schnell sich gesundheitliche Erfolge einstellen, wenn man die erkannten Gesundheitssaboteure ausschließt.

So war es jedenfalls bei mir. Bereits nach 14 Tagen mit der neuen Ernährung bestätigte mein Befinden, dass ich genau auf dem richtigen Weg war.

Dafür verzichte seit Jahren wirklich komplett auf Milchprodukte und nehme natürliche Nahrungsergänzungen zu mir, die bekannt dafür sind, dass sie Entzündungen erfolgreich bekämpfen können.

Halte ich mich nicht an mein Konzept, spüre ich gleich am Folgetag, dass mir ein gelegentliches Eis oder etwas Käse gleich wieder einen Schmerzschub ankündigen will. Schnell gehe ich dann wieder zu der von mir gewählten Tagesordnung zurück und fühle mich wieder frei von Schmerzen und wohl in meiner Haut.

Meine Empfehlungen sind:

1. *Weißkohlblätter* lege ich roh auf alle betroffenen Gelenke, wie auf die Knie, Ellenbogen, Fingergelenke, Hüftgelenke. Fixiert werden die Blätter mit elastischen Binden, die die Nacht über getragen werden
2. Völliger *Verzicht auf alle Milchprodukte*, also keine Milch, kein Käse, Joghurt, Puddings oder Speisen, die Milch enthalten.
3. Täglich nehme ich hochdosierten *Weihrauch* (gilt als Cortison aus der Natur) zu mir (Internet)
4. Täglich trinke ich dunklen Weintraubensaft in den *Hagebuttenpulver* (Kräuterhaus, Apotheke oder Internet) eingerührt wird.
5. Ich rate zum Limitieren von Fleischkonsum, der mit seiner *Arachidonsäure* zur Bildung von Botenstoffen beiträgt, die zur Entzündungsbildung beiträgt. Ich selbst bin ohnehin Vegetarierin
6. *Trinken* von ganz viel Wasser und auch entschlackenden Tees, wie Brennessel mit Ringelblume und Schafgarbe.

Nach wenigen Tagen schon ist die entzündungshemmende Wirkung solcher Maßnahmen deutlich spürbar. Allerdings ist es wirklich wichtig, diese Anwendungen konsequent beizubehalten.

Skelettsystem und mürbe Knochen

Hier sprechen wir von der gefürchteten Osteoporose. Insbesondere ältere Menschen müssen sorgsam darauf achten, dass ihre Knochen stark bleiben, nicht mürbe werden und zu Brüchen führen.

Ich selbst bin bisher von diesen bedrohlichen Erscheinungen verschont geblieben. Ich führe das auf meine Lebensweise zurück, die zum Teil unbewusst, eine wirkungsvolle Prävention darstellt.

Seit vielen Jahren bin ich Vegetarierin, esse als einzige Ausnahme heute auch Fisch. Meine Eiweißversorgung erhielt, und erhält noch, der Körper durch Soja. Daraus zaubere ich Gerichte, die denen aus Fleisch nach meiner Auffassung kein bisschen nachstehen. Hierbei kommt es auf Ideenreichtum und auf eine vielseitige Würzung an.

Aber auch mein tägliches, winzig kleines Bewegungsprogramm spielt sicherlich eine gute Rolle. Eine Sportlerin bin ich auf keinen Fall. Auch verfüge ich bedauerlicherweise nicht über die nötige Disziplin, um täglich ein aufwändiges Bewegungsprogramm durchzuführen.

Vielmehr muss ich mich dazu eher überlisten, in meinen Tagesablauf Übungen einzubauen, die ich innerhalb weniger Minuten, fast nebenbei, absolvieren kann. Darum aber kümmere ich mich sorgsam.

Mein minikleines Sportprogramm tut seine wichtige Wirkung und hält mein Skelettsystem im Lot und meine Gelenke elastisch. Dafür nutze ich besonders auch die Erkenntnisse, die mir die *CranioSacral-Therapie* vermittelt hat. Darauf gehe ich im Artikelteil näher ein.

Wichtig ist, dass man ein Konzept hat, das fest in den üblichen Tagesablauf integriert ist. Das bezieht sich auch auf die Ernährung.

Meine Empfehlungen sind:

1. Täglich Sojajoghurt mit dunklem Traubensaft vermischt ergibt einen idealen *Energiedrink*, verschafft den Knochen Kalzium und schmeckt noch dazu großartig.
2. *Sojaprodukte* auf den Speisezettel nehmen. Mit Hilfe von Sojamilch, Sojafleisch und Tofu lassen sich damit östrogenähnliche Wirkungen für die Knochenstärkung haben.
3. *Sojamilch*, vermischt mit püriertem frischem Obst der Saison, ist ein einzigartiges Anti-Aging-Getränk und hilft der Knochenstabilität.
4. *CranioSacral*-Präventionsübungen - damit kann das Skelettsystem im Lot gehalten werden
5. Auf wenig Konsum nur von tierischem Eiweiß beschränken, wegen der *Arachidonsäure*, die Entzündungen begünstigt. Diese aber sind die Hauptfeinde von Knochen und Gelenken
6. Täglicher Aufenthalt im Freien, damit die UV-Strahlen in die Haut eindringen können. Dadurch wird Vitamin-D-Bildung sichergestellt. Das ist auch schon über die Haut von Gesicht und Händen möglich.
7. Körperübungen nach der *CranioSacral-Selbsthilfe* halten die Wirbelsäule im Lot. Das aber ist immens wichtig, damit alle Glieder in Symmetrie daran hängen

Eine konsequent durchgeführte Prävention, die in den Tagesablauf eingebaut werden kann, vermag die Stabilität der Knochen zu sichern.
Eine gute Ernährung mit allen erforderlichen Nährstoffen für den Knochenaufbau, sorgt ebenfalls für die nötige Stabilität

Extratipp: Meine RATGEBER „Keine Lust auf Sport" und „Anti-Aging-zum-Nulltarif"

Ich habe Rücken!

Das ist zum geflügelten Wort geworden, denn ganz viele Bürger haben bereits in jungen Jahren Rückenbeschwerden.

Und auch ich weiß ein Lied davon zu singen. Schon mit etwa 45 Jahren hatte ich bei jedem Schritt derart schlimme Schmerzen im Lendenwirbelbereich, so als würde man mir ein Messer in diese Körperregion stechen. Ich befürchtete damals, dauerinvalide zu werden.

In dieser Zeit stieß ich zufällig auf einen Artikel in der Zeitschrift BRIGITTE. Dort wurde, illustriert mit Fotos, eine Wirbelsäulengymnastik vorgestellt. In meiner Verzweiflung begann ich, die sich bis dato zu den total unsportlichen Menschen gezählt hatte, auf der Stelle mit diesen Übungen. Ich führte diese damals konsequent zwei Mal täglich durch, so verzweifelt war ich.

Was soll ich sagen, nach nur 2 Monaten war ich beschwerdefrei. Danach versuchte ich es sogar mit Joga und stellte zu meinem Erstaunen fest, dass ich so unsportlich gar nicht war, wie ich lebenslang geglaubt hatte und wie mir schon in der Schule versichert wurde.

Ich erlebte nun, wie mein Körper tatsächlich zusehends deutlich geschmeidiger wurde und meine Gelenke meinen Exkursionen willig folgten. Dies wurde besonders deutlich, wenn sich durch das Anwenden des *Mittelstromes* aus dem Japanischen Heilströmens, motorische Blockaden lösten und mich noch gelenkiger sein ließen.

Tägliche Übungen mache ich noch heute jeden Tag, wenngleich sie nun eher aus CranioSacral-Dehnungen und den 5 Tibetern bestehen.

Meine Empfehlungen sind:

1. *CranioSacral*-Behandlungen durch Therapeuten
2. Selbsthilfeübungen der *CranioSacralmethode*, um das gesamte Skelettsystem in Symmetrie zu halten. **siehe Artikel**
3. *5 Tibeter,* weil sie neben der gymnastischen Wirkung auch Hormonproduktion anregen kann. **siehe Artikel**
4. *Sit ups*, die ich täglich 10 Male ausführe, damit die Bauchmuskeln stark bleiben und dadurch die Wirbelsäule entlastet wird
5. Moderate *Arbeit mit Gewichten* (zunächst im Fitnesscenter anleiten lassen). Geht zum Ausprobieren auch mit vollen Wasserflaschen
6. Japanisches Heilströmen *MITTELSTROM* (vermag motorische Blockaden aufzulösen) **siehe Artikel**
7. Wenig Konsum von tierischem Eiweiß wegen der *Arachidonsäure*, die Entzündungen begünstigt.
8. Ernährung mit allen *Nährstoffen*, die für die Gesunderhaltung der Knochen nötig sind
9. Sojaprodukte stärken die Knochen, auch durch die *östrogenähnlichen* Wirkungen auf die Knochensubstanz
10. Sorgsam darauf achten, immer „*Haltung* zu bewahren", damit die Wirbelsäule gerade gehalten wird.

Ich möchte darauf hinweisen, dass sich meine Empfehlungen nicht eignen, wenn ein Bandscheibenvorfall oder ein anderer Schaden am Knochengerüst vorliegt. Immer jedenfalls nützen alle Bemühungen, wenn dadurch die Rückenmuskulatur gedehnt und gestärkt wird, damit sie geschmeidig bleibt und die Wirbelsäule und Gelenke wie ein schützendes Korsett umgibt.

Extratipp*:* Mein RATGEBER „Keine Lust auf Sport!"

Füße

Im Alter ist man nicht mehr so flink auf den Füßen, wie noch in den jungen Jahren. Das lässt sich nicht leugnen. Aber es lohnt es sich auch hier, den Kampf aufzunehmen um eine Besserung der Lage zu erreichen.

Der Grund für ein Schwächeln unseres Geh-Apparates ist, dass Bänder, Sehnen und Muskeln oft nicht mehr so stark und geschmeidig sind wie in jungen Jahren. Das Fußgewölbe senkt sich dann und Schmerzen sind die Folge. Das Gehen wird beschwerlicher.

Ich selbst war schier verzweifelt darüber, dass ich nicht mehr so hurtig unterwegs sein konnte, wie in früheren Zeiten. Nun lasse ich mich grundsätzlich nicht so leicht ins Bockshorn jagen. Ich wollte vor allen Dingen wissen, was ich selbst tun könnte, um die Lage zu verbessern. Ein Befragen meiner Hausärztin hatte zum Ergebnis, dass diese mir eigentlich eher den Mut nahm. Sie meinte nämlich, Eigenhilfe wäre völlig sinnlos.

Das wollte ich so nicht hinnehmen, denn meine Überlegung war, dass ein gezielter Muskelaufbau doch auch eine gute Stütze für das durchgetretene Fußgewölbe sein müsse. Gesagt, getan. Ich trainierte in den Folgewochen ausgiebig. Zunächst half das auch. Dafür wurden die Füße regelmäßig nach allen Richtungen gedreht, die Füße auf die Kanten gestellt, abgerollt und die Zehen hochgesellt und eingerollt. Und das half auch, sodass ich ein ganzes Jahr noch beschwerdefrei gehen konnte. Danach dann aber reichten meine eigenen Bemühungen doch nicht mehr und ich suchte einen Orthopäden auf.

Ich muss widerwillig zugeben: angepasste Einlagen unterstützen nun meine Füße jetzt nachhaltig, sodass ich wieder richtig gut laufen kann.

Ich widme meinen Füßen, die mich noch lange tragen sollen, viel Aufmerksamkeit, hege und pflege sie engagiert und kann nun wieder deutlich besser gehen.

Dies sind meine Empfehlungen:

1. Alle Jahre Einlegesohlen anpassen lassen, damit das Skelettsystem der Füße wieder *einreguliert* wird. Wirkst sich auf das gesamte Knochengerüst positiv aus.
2. Schüssler Salze zum *Stabilisieren* von Bändern und Sehen
3. Intensive **Massagen** mit Beinwellsalbe, auch bei Sohlenbrennen. Das hilft auch gegen und Hornhautbildung und Pilzentwicklung (habe nun babyweiche Katzenpfötchen)
4. Fußgymnastik stärken Muskeln, halten Bänder und Sehnen *geschmeidig*
5. Mehrfach am Tage die Schuhe wechseln, das *trainiert* die Fußmuskeln
6. Wo ich gehe und stehe, *wippe* ich auf den Füßen, stelle sie abwechselnd auf die Fersen und auf die Zehen und die Fußkanten außen und innen.
7. Auch die *Knöchelgelenke* wollen trainiert werden. So lege ich die Füße oft hoch und kreise mit den Füßen im Uhrzeigersinn, dann gegen den Uhrzeigersinn.
8. *Aufrechtes* Gehen praktiziere ich ganz bewusst, setze ein Bein v o r das andere und hebe die Füße ordentlich hoch. Das signalisiert zum einen dem Körper „eine jugendliche Gangart", zum anderen gehe ich nicht nachlässig, damit sich nicht heimlich ein „ans Alter angepasstes" Gehen einschleicht und der Körper sich nicht die „matten Schritte" angewöhnt.

Das Aufrichten des Fußgewölbes hat auch einen günstigen Einfluss auf das gesamte Skelettsystem, sodass bei mir sogar die beginnende Hüftgelenksarthrose wieder beschwerdefrei wurde. Elastisches Gehen hat Einfluss auf die Geisteshaltung und das Unterbewusstsein mit dessen Reparaturmechanismen.

Extratipp: Mein RATGEBER „Keine Lust auf Sport"
Video kostenlos bei YOUTUBE „Beinwellsalbe selber machen"

Immer nach einer Flugreise schmerzten meine Knie, als wäre ich schon uralt.

Wenn ich solche Gedanken hegte, führte ich mir vor Augen, dass das mit dem Alter wohl doch eine subjektive Betrachtung sein muss. Denn in jüngeren Jahren hätte ich mein heutiges Alter wohl tatsächlich als uralt bezeichnet.
Heute hingegen fühle mich noch recht jung. Meistens jedenfalls, zumindest dann, wenn meine "Baustellen" gerade brav abgearbeitet sind.
Aber auf Knieschmerzen. sind ja wohl auch bereits jüngere Menschen abonniert, schon fast jeder hat oder hatte sie schon, oder?
Gegen Schmerzen in den Knien und anderen Gelenken weiß ich allerdings ein richtig gutes Mittel und das ist das *Kohlblatt*. Ich selbst habe mir oftmals damit geholfen, denn kaum ist so ein Blatt auf dem Knie fixiert, lassen die soeben noch heftigen Schmerzen nach.
Über Nacht dann mindern sich die Entzündungen und oft genügen nur wenige Anwendungen und der Spuk ist vorbei.

Mein geschiedener Ehemann beispielsweise konnte kaum noch gehen, so sehr schmerzten beide Knie. Röntgenaufnahmen „bewiesen" den deutlichen Abbau der Knorpel und zeigten, dass direkte Reibungen der Gelenkknochen als Schmerzursache ausgemacht werden konnten. Konsequent angewandte Kohlblattauflagen in der Nacht, üppiges Einsalben mit Beinwellsalbe und Aloe-Vera-Salbe im Wechsel am Tage, hielten ihn dann wider Erwarten beschwerdefrei, Und das noch 15 Jahre, bis zu seinem Tod. Übrigens eignen sich die besagten Anwendungen für alle Gelenke, nicht nur für das Knie.

Dafür muss in den Gelenken Platz geschaffen werden, damit deren Auskleidung Gelenkschmiere bilden kann, welche den Knorpel zu schützen vermag.

Dies sind meine Empfehlungen:

1. Sorgen Sie dafür, dass das sämtlich Knochen und Gelenke symmetrisch von der Wirbelsäule, die grundsätzlich im Lot sein sollte, abgehen. Dafür eignet sich die *CranioSacral*-Therapie und auch deren Selbsthilfevarianten für die Prävention. Leider üben auch Therapeuten diesen Beruf aus, ohne die nötige Erfahrung zu haben. Wirklich gute Therapeuten können oft von Heilpraktikerinnen oder Heilpraktikern empfohlen werden.
2. Durch regelmäßiges *Strecken* aller Glieder soll in den Gelenken Platz geschaffen werden, damit Gelenkschmiere gebildet werden kann.
3. Sind die *Fingerglieder* betroffen, an den Fingern leicht ziehen, nicht mehr Kraft aufwenden, als etwa 2 g entspricht und 2 Minuten verharren.
4. Schmerzen in den Schultergelenken erübrigen sich oft, wenn die Arme seitlich über dem Kopf zur anderen Schulter hin *gedehnt* werden.
5. *Kohlblattauflagen* eignen sich für Knie, Schultern, Ellenbogen, Handgelenke, Hüftgelenke und Finger. Die Finger werden dafür einzeln umwickelt und mit dünnem Gummi fixiert. Nur nachts, eine Hand jeweils im Wechsel.
6. *Wenig tierische Eiweiß* (wegen der Arachidonsäure, die Entzündungen begünstigt)
7. Japanisches Heilströmen *Mittelstrom* (hilft dabei, motorische Blockaden aufzulösen)
8. Soja und Sojaprodukte auf den Speiszettel nehmen, wegen der *östrogenähnlichen* Wirkung
9. Weihrauch und Hagebuttenpulver, wie auch das Gewürz Kurkuma wirken *entzündungshemmend*

Die Gelenke sind überaus komplizierte Konstruktionen der Natur. Es bedarf schon einigen Aufwandes, sie zu hegen und zu pflegen und richtig zu nähren, damit sie lebenslang ihren Dienst tun können.

Tennisarm

Nicht nur Tennisspieler leiden unter solchen Schmerzattacken. Wer die Ellenbogengelenke überstrapaziert, weiß ein Lied davon zu singen. Das kann auch durch die Arbeit am Computer ausgelöst werden.

Üblicherweise besteht die Behandlung des schmerzenden Ellenbogengelenkes in dessen Schonung. Ich selbst bin so eine Kandidatin die gelegentlich von einem „Tennisarm" (Computerarbeit) heimgesucht wird. Ich handle dann gleich in den ersten Anfängen der Schmerzattacken und dehne die Bänder und Sehen, die das Gelenk halten vorsichtig und schaffe Platz in dem Gelenk, damit die Gelenkauskleidung wieder Gelenkschmiere bilden kann.

Dies sind meine Empfehlungen:
1. Gelenk *dehnen*, indem mehrfach am Tage ein Gewicht an den Arm gehängt wird (z. B. eine volle Flasche). So einige Minuten verharren.
2. Einnahme von *entzündungshemmender* Nahrungsergänzung.
3. Ellbogenregion mit Eisbeutel *kühlen* (mehrfach am Tage
4. Anwendung von *Beinwellsalbe*
5. *Kohlblattauflage* die Nacht über, so oft, bis die Schmerzen verschwunden sind

Wichtig ist es, dass die Ellenbogenschmerzen gleich nach der Erscheinung in Selbsthilfe behandelt werden. Bei starken Beschwerden und chronischem Verlauf muss allerdings unbedingt ein/e OrthopädIn aufgesucht werden.

Extratipp: Mein RATGEBER „keine Lust auf Sport"
Video kostenlos bei YouTube herunterladen „Beinwellsalbe"

Halswirbelsyndrom

Die Ursachen für diese „Nackensteife" sind oftmals Blockierungen zwischen Wirbelsäule und dem knöchernen Schädel. Schuld daran können Zugluft sein, einseitige Bewegungsabläufe, nicht selten aber auch eine starre Seelenhaltung.

Nach meinem eigenen Erleben, aber auch durch die Beobachtung meiner Mitmenschen, ist die chronische oder gelegentliche Steifheit des Halses ein weit verbreitetes Syndrom, das auch recht schmerzhaft sein kann.

Auf der Suche nach einer geeigneten Behandlungsmethode habe ich mit der *CranioSacral*-Therapie meine ersten, überraschend wirksamen Erfahrungen gemacht. Nachdem ich mich dann intensiv mit dieser interessanten Behandlungsweise auseinandergesetzt hatte, habe ich mich damals gleich dazu entschlossen, gemeinsam mit der Therapeutin ein Buch über dieses faszinierende Thema zu schreiben.
Meine eigenen Erfahrungen sind ja nur ein kleines Beispiel dafür, was diese sanfte therapeutische Behandlung kann. Ich konnte damals meinen Hals praktisch nicht drehen und der Versuch dazu wurde von Schmerzen begleitet. Ich staunte nicht schlecht, dass es nur zweier Behandlungssitzungen bedurfte und der Spuk war vorbei. Und solche Beispiele erlebe ich seither unzählige an mir und Anderen.

Die CranioSacral-Therapie ist inzwischen meine bevorzugte Behandlungsweise, deren vielfältige Wirkmöglichkeiten ich immer mehr zu schätzen lernte. Ich freue mich, dass ich dazu beitragen kann, diese geniale Methode weiter bekannt zu machen. Sicherlich könnte auf diese Weise manche OP überflüssig werden.
Ich sehe die CranioSacral-Therapie vor allem auch als Ergänzung zu dem *Japanischen Heilströmen*, weil sich hier energetische Einwirkungen mit physikalischen Abläufen verbinden und die vor Allem präventiven Nutzen hat.

Dies sind meine Empfehlungen:

1. *CranioSacral-Therapie* für den Ernstfall von einer/einem Therapeutin/Therapeuten durchführen lassen. Hierfür sind nämlich jahrelange Erfahrungen nötig. Es ist deshalb angezeigt, Heilpraktiker/innen oder Masseure gezielt nach Empfehlungen zu fragen.
2. *CranioSacral-Selbsthilfeübungen* eignet sich zur Prävention oder/und zum Erhalt der erreichten Geschmeidigkeit Die Übungen bestehen im Wesentlichen aus Strecken und Lockern, damit das gesamte Skelettsystem wieder zur Symmetrie zurückfinden kann.   **siehe Artikel**
3. *Japanisches Heilströmen* nutzen mit dem Strömen der Energiepunkte **12** (hintere Halsmitte, beidseitig von der Wirbelsäule). Mit diesem Rat haben sich schon vielen Betroffenen, praktisch im Vorübergehen selbst helfen können. Das hilft vor allem, wenn Zugluft die Ursache ist **Siehe Artikel**
4. *Meridianklopfen* kann dabei helfen, seelische „Halsstarrigkeit" aufzulösen und unterstützt dabei das Selbstwertgefühl   **Siehe Artikel**
5. Hier empfiehlt sich auch der *Mittelstrom* aus dem japanischen Heilströmen, der dabei helfen kann, motorische *Blockaden* aufzulösen. Das lässt sich leicht nachprüfen, wenn man z. B. seine Gelenkigkeit vor und dann gleich wieder nach der Übung überprüft.
6. Beim Laufen und Sitzen den *Kopf bewusst hoch erheben*, als würde der Scheitel von einer Schnur hochgezogen werden. Das hilft gegen gestauchte Halswirbel

Seit ich die kleinen Selbsthilfeübungen täglich durchführe, hatte ich nie mehr Beschwerden mit der Unbeweglichkeit des Halses und auch keine Schmerzen mehr, die damit verbunden waren.

Extratipp; Mein RATGEBER „Keine Lust auf Sport!" „Heilströmen Praxisbuch"

Gefäße

Jeder ist so jung, wie seine Gefäße. Tatsächlich hängt von der Geschmeidigkeit der Aderwände weitgehend ab, ob es zu unguten Ablagerungen kommt und wie sich der gesamte Kreislauf gestaltet.

Der Schutz des Herz-Kreislaufsystems und seine Gesunderhaltung ist oberstes Gebot, denn hier drohen Gefahren für Leib und Leben.
Feinde des Systems sind fettes Essen, und eine Ernährung, die Ablagerungen begünstigt, sowie Bewegungsarmut, Übersäuerung des Körpers und ein hoher Blutdruck. Damit es nicht zu den bedrohlichen Herzinfarkten und Schlaganfällen kommt, achte man vor allem auch auf einen niedrigen Blutzuckerwert und auf nährstoffreiche Nahrung, wie auch auf ausreichendes Trinken.

Dies sind meine Empfehlungen:
1. Entgiften, *Entschlacken*, dafür ausreichendes Trinken von Wasser, Tee´s
2. Jeden Tag Gemüse, Salat, Obst auch wegen der *Pflanzensekundärstoffe*
3. *Wenig tierisches Eiweiß* (Arachidonsäure begünstigt Entzündungen)
4. Verzehr von Sojaprodukten regelmäßig, wegen der östrogenähnlichen Wirkung   **Siehe Artikel**
5. *Übersäuerung* des Körpers vermeiden, dafür eine entsprechende Ernährungsweise wählen   **Siehe Artikel**
6. Jeden Tag 3 km *rasches Gehen* (nicht Spazieren, Einkaufen), normalisiert den Blutdruck zumeist nach wenigen Tagen

Es sind selten die Medikamente, die dauerhafte Erfolge versprechen, sondern eher die konsequente Umstellung der Lebensweise, des Ernährungsverhaltens.
Extratipp: RATGEBER „Anti-Aging-zum-Nulltarif", Video bei YouTube

Über diesem Thema liegt in der Regel der Mantel des Schweigens, obwohl es unzählige Betroffene gibt die sich durch wenige gymnastische Übungen selbst helfen und noch dazu "interessante Neben-wirkungen" verzeichnen können.

Es ist erstaunlich, wie wenige Patienten diesem Problem mit der Selbsthilfe zuleibe rücken. und wie wenig Ärzte dazu raten. Ganze Industrien machen stattdessen riesige Umsätze mit Slipeinlagen, und Windelsystemen. Da wird vollmundig Werbung gemacht, indem versprochen wird, dass niemand das „Ungemach" bemerken, oder sogar riechen würde, wenn man selbst nicht mehr „so ganz dicht untenrum" ist.

Nur in einigen Fällen ist eine solche Fürsorge wirklich angebracht, wenn Unvermögen besteht, Harn oder Stuhl kontrolliert abzugeben.

Betroffene halten ja diese Befindlichkeit meistens geheim, weil es ihnen peinlich ist, zu thematisieren, dass das fein abgestimmte Zusammenspiel zwischen Blasenmuskulatur, Schließmuskeln und Beckenbodenmuskulatur bei ihnen nicht mehr ausreicht.

Das kann dann daran liegen, dass die Signalfunktion zum Gehirn gestört ist.

Ich gehe hier nicht auf mögliche Ursachen von Inkontinenz ein, vielmehr will ich darauf hinweisen, dass es hilfreich sein kann, neben der konventionellen Behandlung auch selbst tätig zu werden. Dafür möchte ich die Selbsthilfemethoden erläutern, von denen ich weiß, dass diese, vor Allem wenn sie präventiv eingesetzt werden, oder zumindest gleich zu Beginn der Beschwerden, oftmals verhindern können, dass es zu den als peinlich empfundenen Beschwerden kommt.

Ich finde es ziemlich traurig, dass die Werbung möglichen Betroffenen so lautstark verkündigen darf, wie man die Umwelt vor Geruchsbelästigung schützen kann. Wesentlich effektiver wäre es doch, wenn jeder Mensch, der unter

Blasenschwäche oder Schwäche der Verschlussorgane leidet, aktiv etwas dagegen unternähme was wirklich nahhaltig helfen könnte.

Und da gibt es tatsächlich ein Zauberwort, dass da heißt BECKENBODEN-GYMNASTIK. Wenige Minuten, die täglich dafür aufgewendet werden müssen, können tatsächlich Wunder wirken und in den allermeisten Fällen dem Elend ein Ende bereiten. Ich weiß wovon ich spreche, denn ich habe in dem von mir geleiteten Seminarhaus diese einfachen Maßnahmen viele Jahre lang gelehrt, viele positive Rückmeldungen erhalten und wende sie selbst ebenfalls präventiv an.

Das sind meine Empfehlungen:

1. Dazu mehrmals täglich den ***Beckenboden hochziehen*** und halten. Ich mache das immer, wenn ich Treppen betrete und entlasse die Anspannung immer erst, wenn ich einen Treppenabsatz erreicht habe. Durch diese Erinnerung durch „Verankerung" trainiere ich automatisch mehrmals am Tage die entsprechende Muskulatur.
2. Mehrfach am Tage die ***Po-Muskeln*** fest zusammenkneifen, 10 Takte lang angespannt lassen und dann entspannen.
3. ***Schüssler Salze*** kräftigen Bänder, Sehen und Muskulatur **Siehe Artikel**
4. ***Meridianklopfen*** hilft dabei, das Gehirn wieder als Signalgeber zu aktivieren **Siehe Artikel**

Diese Übungen können auch bei Impotenz und schwachen Libido oftmals erfolgreich angewandt werden. Denn neben der besseren Durchblutung der Beckenbodenmuskulatur werden Hormonausschüttungen angeregt, die auf vielerlei Weise Funktionssysteme aktivieren. Das kann oftmals Viagra überflüssig machen. ***Beckenbodengymnastik eignet sich für Männlein und Weiblein gleichermaßen.***

Extratipp: Mein RATGEBER "Meridianklopfen" „Crashkurs bei YouTube"

Der Darm ist die Wurzel vieler Beschwerden. Dass der Darm für das Wohlbefinden eines Menschen eine entscheidende Rolle spielt, rückte erst in den letzten Jahren in unser Bewusstsein.

Durch die heutige Lebensweise, Ernährungsweise und bewegungsarmen, meistens sitzenden Tätigkeiten, sind die vielfältigen Funktionen des Darms oftmals eingeschränkt.
Dabei geht es nicht nur darum, den Darm als Verdauungsapparat zu sehen, sondern ihn auch als wichtigen Sitz des Immunsystems mit seinen vielen Keinem, die in lebensnotwendiger Symbiose mit dem Darmmilieu leben, wahrzunehmen.

Viele der heutigen „modernen" Krankheiten haben einen engen Bezug zum Darmsystem.

Schuld daran ist die Abnahme der Vielzahl von Bakterienstämmen im Darm durch Medikamente wie Antibiotika, aber auch durch das Fehlen von ausreichend Ballaststoffen, die für eine restlose Entleerung sorgen sollen. Die auf diese Weise verkümmernde Darmflora kann im Übrigen vererbt werden, sodass unsere Nachkommen dann möglicherweise mit einer Darmschwäche geboren werden.

So leiden auch viele Bürger heute an Darmentzündungen, die z. B. als Colitis Ulcerosa bekannt ist, oder in Divertikelbildung mündet. Divertikel sind Ausstülpungen an der Darmwand, die sich auch zu Polypen oder zu bösartigen Erscheinungen entwickeln können. Von dieser Divertikulose wind etwa 50 % der über 60-Jährigen betroffen. Nicht jeder hat gleich Beschwerden, obwohl es sich hierbei um eine ernst zu nehmende Erkrankung handelt, die im Entzündungsstadium lebensgefährlich sein kann und eine Operation erfordert.

Dies sind meine Empfehlungen:

1. Regelmäßige ***Darmspiegelungen*** als Vorsorgeuntersuchungen, auch um Vorboten von Darmkrebs zu sichten, ist im späteren Alter unbedingt erforderlich
1. ***Ballaststoffreiche*** Ernährung mit Gemüse und gutem Brot bietet den Bakterienstämmen, die für eine reibungslose Verdauung nötig sind, die wesentliche Unterstützung
2. Bei Beschwerden empfiehlt sich ***Heilerde***. Davon wird ein Teelöffel in ein Glas Wasser eingerührt und getrunken. Das sandige Gefühl dabei ist Gewöhnungssache. Dafür tritt die Wirkung zumeist nahezu sofort ein.
3. Viel ***Trinken*** von Wasser ist sehr wichtig. Davon hängt auch die Konsistenz des Stuhls ab, der für eine gute Entsorgung wichtig ist.
4. Verzehr von Nüssen, Samen und gutem Öl. Hier kommt es auf die darin enthaltenen ***Nährstoffe*** an, die über die Darmwand in den Körper gelangen. Die Konsistenz des Stuhls wird mit den Ballaststoffen der Nüsse ebenfalls beeinflusst
5. Schüsslersalze und Ermitteln von ***Unverträglichkeiten***   **Siehe Artikel**
6. ***Wenig tierisches Eiweiß***, wegen der Arachidonsäure, die Entzündungen begünstigt
7. Weniger Milchprodukte, wegen des möglichen ***allergischen*** Potentials
8. Gegen ***Stuhlinkontinenz*** hilft ebenfalls Beckenbodengymnastik
9. Bei ***Blähungen*** und damit verbundener Flatulenz, oft helfen oft überraschend gut und sehr schnell Schüssler Salze   **Siehe Artikel**

Mit großer Achtsamkeit und dem Erforschen, welche Nahrung ich gut vertrage, welche nicht, habe ich es geschafft, mich als Divertikel-Betroffene bereits 20 Jahre vom OP-Saal fernzuhalten und praktisch ohne Beschwerden zu leben.

Extratipp: Mein RATGEBER „Japanisches Heilströmen PRAXISBUCH"

Reflux/Sodbrennen

Eine Magenspieglung brachte es an den Tag. Meine Dauer-Magenbeschwerden waren in Wahrheit Refluxbeschwerden, die sich auf dem Röntgenbild als Ansammlung, wie von Pickeln, am Mageneingang zeigten.

Eigentlich bin ich froh, dass ich die gängigen Magenmittel die mir von der Ärztin verschrieben wurden, nicht vertragen habe. Dadurch sah ich mich genötigt, ausschließlich Selbsthilfe, kombiniert mit traditionellen Mitteln aus der Natur, anzuwenden.
Ich weiß sehr wohl, dass es der *Übersäuerung* im Magen zu verdanken ist, wenn es zu dem berüchtigten Sodbrennen kommt, über das so viele Bürger klagen.
Wenn ich, die ich eigentlich recht konsequent auf eine gute Ernährung achte, mir tatsächlich eine Übersäuerung angelacht habe, dann sind zu viele Kohlenhydrate der Grund dafür.
So ist es mir dann auch recht schnell gelungen, wieder ordentliche Verhältnisse auf meinem Speiseplan herzustellen. In einem Singlehaushalt passiert es schnell mal, dass die Essensplanung öfter in Richtung Snack verschoben wird.

Also habe ich hurtig wieder das tägliche Zauberglas eingeführt, das aus rohem, mundgerecht geschnittenem Gemüse besteht und das den Säurezuständen im Körper rasch den Garaus macht.

Nicht immer komme ich dazu, mir wieder ein komplettes Gemüseglas zu schnibbeln. Ersatzweise gibt es dann bei mir grundsätzlich vor dem Mittagessen eine rohe Karotte und einen Kohlrabi.
Mitsamt einiger weiterer kleiner Maßnahmen gelingt es mir heute leicht, die säurebedingten Magenbeschwerden wieder in den Griff zu bekommen.

Dieses sind meine Empfehlungen:

1. *Viel trinken*, möglichst einfaches Wasser. Bei einsetzenden Beschwerden genügt dann oft ein einziger Schluck
2. Das sorgfältige *Kauen* einer geschälten Mandel, oder eines Teelöffels voll gehackter Mandeln
3. *Schüssler* Salze   **Siehe Artikel**
4. ½ Teelöffel *Heilerde* in einem Glas Wasser verrührt trinken. An das „sandige" Gefühl gewöhnt man sich, zumal die lindernde Wirkung meistens sofort eintritt. Wichtig ist es, darauf zu achten, dass die Zähne erst aufeinander malmen, wenn die Erde völlig aus dem Mundraum gespült ist.
5. *Weniger konzentrierte Kohlenhydrate* auf dem Speiseplan haben, wie Zucker und Getreideprodukte
6. Zu den Mahlzeiten nur *einmal am Tag Kohlenhydrate* zu konsumieren, also <u>entweder</u> Brot, oder Nudeln, oder Reis
7. Statt Weizen- und Roggenmehl sollte *Dinkel* gewählt werden
8. *Natron* reguliert den Säureüberschuss im Magen, nehme ich 2x täglich (erhältlich bei DM 10 Tabletten 1,65 €). Dabei geht es um ist ein altes Hausmittel. In Italien kocht man die berühmte Tomatensoße auch mit Natron, um die Oxalsäure der Tomaten zu neutralisieren.

Wenn sorgsam darauf geachtet wird, welches die Nahrung ist, die zu Magenbrennen oder Sodbrennen führt, kann schnell erreicht werden, dass die Beschwerden rasch weniger werden oder ganz ausbleiben.

Extratipp: RATGEBER „Trennkost – Geheimcode der Prominenz mit der Lizenz zum Schlemmen"

Magen

Häufig auftretende Magenbeschwerden müssen grundsätzlich durch eine Magenspiegelung abgeklärt werden, bevor eine Behandlung beginnen kann.

Ursachen für Magenprobleme gibt es viele. Beispiele sind unverträgliche Lebensmittel, übermäßiges Essen, zu fettes Essen, eine genetisch angelegte oder erworbene Überempfindlichkeit des Magens. Aber auch Stress und vor allem Sorgen können eine entscheidende Rolle spielen. „Das schlägt mir auf den Magen", wusste schon unsere Großmutter. Auch ich bin mit einem solchen Reizmagen „gesegnet".

Meine Empfehlungen sind:
1. *Japanisches Heilströmen:* dabei halte ich den Daumen mit den Fingern der anderen Hand für einige Minuten umschlossen. Das beruhigt spürbar. Unsere Oma sagte bei Sorgen „ich halte Dir die Daumen"
2. Japanisches Heilströmen *Energiepunkte 14* überkreuz für einige Minuten halten (liegen in der Mitte des Rippenbogens auf der Körpervorderseite)
3. der *Magenstrom aus dem Japanischen Heilströmen*   **Siehe Artikel**
4. *Meridianklopfen*, um Ängste aus dem Leben zu vertreiben, gelassener zu werden siehe   **Siehe Artikel**
5. *Weißkohlsaft* roh, auch für Rollkur, ist von ungewöhnlicher Heilwirkung,
6. *Heilerde* neutralisiert überschießende Säure im Magen
7. *Pfefferminztee*, Ingwertee, Fencheltee

Der Magen ist oftmals das Organ, das unmittelbar betroffen ist, wenn man von Stress und Unruhe, auch von Sorgen gequält wird. Wird hier harmonisiert, kann das auch -

Gleichgewicht

Der Gleichgewichtssinn hat einen unmittelbaren Einfluss auf die Reaktions-fähigkeit eines Menschen, aber auch auf seine Denkleistung.
Dies ist nicht erst bei älteren Menschen ein Problem, sondern spielt bereits bei der Lernfähigkeit von Kindern eine große Rolle.

Der Gleichgewichtssinn hilft dabei, uns im Raum zu orientieren. Dafür werden Sinnesinformationen vom Gehirn verarbeitet.
Im Alter kommt es zu körperliche Veränderungen und Abbauprozessen. Dies ist eine Folge der „Materialermüdung", die nun man bei Gefäßen und Organen, aber auch bei Muskeln und Sehnen eine unausweichliche Folge des Alterungsprozesses ist.

Durch einen geschwächten Geleichgewichtssinn können auch Informationspro-zesse innerhalb des Gehirns behindert werden.

Welches sind nun Symptome eines nachlassenden Gleichgewichtssinnes:
Bemerkt wird plötzlich eine erst nur geringe, dann doch eine beängstigende Gang-unsicherheit, oder aber ein Rechts- oder Linksdrall, wenn man eigentlich gerade-aus gehen möchte. Das könnten beispielsweise erste Hinweise darauf sein, dass es mit dem Gleichgewichtssinn nicht mehr gut bestellt ist.
Es wird auch bemerkt, dass einem leichter schwindlig wird, wenn man von der Sitzposition her aufstehen möchte.
Dann gelingt es nicht mehr so leicht, die Strümpfe im Stehen anzuziehen. Oder man muss sich am Geländer festhalten, wenn man die Treppe hinuntergeht.
Manchmal wird es einem schwarz vor Augen, wenn man unversehens hochschaut.
Die Gefahr von Stürzen nimmt mit dem Abnehmen des Gleichgewichtssinnes zu.

Dadurch kommt es leicht zu Stürzen die im Alter ein besonderes Problem darstellen, denn die Knochenstrukturen sind auch nicht mehr so stabil, wie in jungen Jahren, sondern neigen leichter dazu, brüchig zu sein. Auch das nachlassende Gedächtnis findet hier eine Mitursache.

Wissenschaftliche Studien haben gezeigt, dass Kinder, die wenig Bewegung haben und deren Gleichgewichtssinn nicht ausgeprägt ist, schlechterer Rechen- und Schreibleistungen aufweisen, als ihre trainierten Altersgenossen.

Umso ausgeprägter kann ein solcher Zustand bei älteren Menschen eine behindernde Rolle spielen.

Wir wundern uns oft, dass es in den späteren Jahren nicht mehr so einfach ist, mehrere Aufgaben auf einmal, oder parallel zu bewältigen.
War man noch vor wenigen Jahren stolz darauf, dass man dem sogenannten Multitasking locker gewachsen war, muss man nun sorgsam darauf achten, eine Sache nach der anderen zu erledigen, wenn man nichts übersehen will.
Man macht dabei oftmals die interessante Erfahrung, dass eine langsamere Gangart auch zum Ziel führt.
An allen Koordinationsaufgaben ist der Gleichgewichtssinn unmittelbar beteiligt.
Pläne, Projekte, ja auch Erinnerungen, sowie jede Abwicklung, die wir vorhaben, bedürfen nun sorgfältiger Vorbereitung und einer Struktur, die es leichter macht, nichts aus dem Auge zu verlieren.
Für das alles ist der Gleichgewichtssinn unentbehrlich.

Die gute Nachricht ist, dass verloren geglaubte Gleichgewichtsleistungen sich meistens wieder antrainieren lassen.
Und das mit schnell einsetzendem Erfolg, wenn die einfachen Übungen dafür kontinuierlich durchgeführt werden

Das sind meine Empfehlungen:

1. *Aufrechtes Stehen* auf einem Bein, dabei die Knie mit den Armen umfassen und hoch zu Brust ziehen. Bis 10 zahlen, und dann wechseln. Jeden Morgen, besser noch mehrfach am Tage, wiederholen.
2. Aufrechtstehend nun eine *Zehenspitze mit der Hand* der gleichen Körperseite hinten, ergreifen und an den Po ziehen. Beharren und die Seiten wechseln.
3. 1. Übung von den 5 Tibetern. Mit ausgebreiteten Armen, die Handflächen nach oben gerichtet, *im Uhrzeigersinn drehen*. Mit wenigen Drehungen beginnen, dann alle paar Tage steigern, bis 21 Drehungen erreicht sind, 1x täglich ausführen
4. *CranioSacral*-Selbsthilfeübungen, die das Skelettsystem ins Lot bringen
5. *Mittelstrom* aus dem Japanischen Heilströmen, das organisiert die Merdianverläufe, die auf beiden Körperseiten spiegelgleich angeordnet sind.
6. *MERIDIANKLOPFEN*, um auch die Seele ins Gleichgericht zu bringen
7. Thymusklopfen, um positive Affirmationen zu unterstützen .**Siehe Artikel**
8. Auf die *Ernährung* achten, die Gefäße stärken und Blutwerte normalisieren **Siehe Artikel**

Der Aufwand ist klein, die Wirkung beeindruckend. Werden diese einfachen Übungen, die jeweils nur wenige Minuten beanspruchen, tatsächlich täglich ausgeführt, können Gleichgewichtssinn und Flexibilität des Körpers in den allermeisten Fällen rasch wieder renoviert werden.

Extratipp: Mein RATGEBER „Keine Lust auf Sport!"
„Trennkost, Geheimcode der Prominenz mit der Lizenz zum Schlemmen", „Meridianklopfen – raus mit der Angst…"

Vergesslichkeit

Denken Sie nicht gleich an Alzheimer, wenn Ihnen Namen, Begriffe oder Formulierungen partout nicht einfallen. Oder wenn man ein Wort, von dem man weiß, dass man es genau kennst, nicht auf Anhieb parat hat.

Auch jüngere Personen haben solche Aussetzer und suchen oftmals mühsam nach einem Wort, das „einem praktisch auf der Zunge liegt", das sich aber hartnäckig verborgen hält.

Dann irgendwann, oftmals Stunden später, fällt es einem, direkt aus dem Nirgendwo, einfach so zu.

Dieser Vorgang ist mit der Computerarbeit zu vergleichen. Man hat einen „Suchbefehl" ausgegeben und erst, wenn das System fündig geworden ist, hat man wieder Zugang zu dem verloren geglaubten Begriff.

Um beim Vergleich mit dem PC zu bleiben; in einem langen Leben sammelt sich so allerhand an in unserem körpereigenen Computer, dem überaus komplizierten Gehirn. Es ist schier unfassbar, wieviel Eindrücke hier verarbeitet werden und wieviel Gedanken und Ideen, genau, wie in einem gut organisierten Büro, bearbeitet werden und auch abgelegt werden müssen. Da kann es dann schon passieren, dass die „Festplatte" übervoll ist und Suchaktionen erst in den hinteren Regalen oder im Keller erfolgreich sind.

Aber machen Sie sich keine Sorgen, es müssen schon eine Reihe von Symptomen zusammenkommen, ehe der Verdacht, das Alter hat unserem Denkapparat den Garaus gemacht, sich bestätigt.

Damit diese Denkmaschinerie aber nicht ins Stottern gerät und die Suchaktionen flotter vonstattengehen, ist es ratsam, vorsorglich ein Gehirn-Jung Programm zu installieren. Man kann allerhand dafür tun, um die grauen Zellen auf Trab zu halten und die Denkleistungen zu trainieren.

Gedächtniskünstler bieten beste Anschauung dafür, dass es sich lohnt, die Leistungen des Oberstübchens zu optimieren. Und dafür gibt es tatsächlich eine Reihe von probaten Möglichkeiten.

Der kürzlich verstorbene Physiker Hawkins hat der staunenden Welt bewiesen, wie man es schaffen kann, seinen Geist jung zu erhalten, obwohl man mit schwerer ALS-Erkrankung im Rollstuhl sitzt, längst nicht mehr sprechen kann und komplett bewegungsunfähig ist. Hawkins hielt es mit Schiller, der zitierte: „Es ist der Geist, der sich den Körper baut!"

Hawkins lieferte den Beweis für die Macht des Geistes über den Körper.

Sich also einen starken Geist zu erhalten muss unser wichtigstes Anliegen sein. Denn hier liegt der Schlüssel zum Überwinden von Krankheiten und auch von Altersbeschwerden.

Dies sind meine Empfehlungen:

1. *Ginkgo* hoch dosiert unterstützt Gehirndurchblutung (ich lasse mir Kapseln von Spanienurlaubern mitbringen. Dort kosten die hoch dosierten Kapseln nur 1/3 des hiesigen Apothekenpreises).
2. *Anti-Aging-Nahrung* wie Nüsse, Samen, gute Öle, rote Weintrauben, Sojaprodukte
3. *Jonglieren* lernen (ist innerhalb weniger Tage zu lernen und gilt als Geheimtraining der Gedächtniskünstler)
4. *Augenrollen* im Wechsel rechts, links, schräg hoch nach links, dann runter nach rechts, dann umgekehrt.
5. *Fingerübungen*: siehe mein Crashkurs bei YouTube **„Fit im Kopf"**

6. *Alle Übungen* zur Körperertüchtigung lassen Neuronen wachsen. Bewegung im Alter ist unbedingt erforderlich. Lassen Sie sich dafür nicht von sogenannten Studien entmutigen. JEDE Bemühung bringt Nutzen, nicht nur dann, wenn Sie als Jogger hechelnd Strecke machen, oder Sie sich im Fitnesscenter jugendliche Leistungen abringen. Auch ein paar Minütchen, immer mal zwischendurch, haben eine positive Wirkung auf die Denkvorgänge.

7. Haben Sie Mut zu *neuen Herausforderungen*. Wenn das Hirn gefordert wird, regt das Neuronen zu Wachstum an. Planen Sie immer etwas Neues, haben Sie immer ein Projekt am Start. Kreuzworträtsel bringen nichts

8. *Rasches Gehen* kann Wunder wirken. Sie signalisieren damit dem Gehirn „hier geht ein junger Mensch". Unser Unterbewusstsein reagiert auf solche Botschaften und richtet seinen Stoffwechsel darauf aus.

9. *MET- Meridianklopfen* hilft dabei, Sie von Ängsten zu befreien und kann Sie immer und überall zu Stärke und zum Durchhalten motivieren.

10. *Thymusklopfen*, kann Ihre Pläne und Absichten mit dem Installieren von positiven Affirmationen unterstützen

11. *Gleichgewichtsübungen*   **siehe Artikel**

Glauben Sie nicht, dass im Alter die Gehirnleistungen zwangsläufig nachlassen m ü s s e n.
Das stimmt nur, wenn Sie es zulassen. Man kann dagegen eben allerhand unternehmen.

Extratipps Mein Video bei YouTube „**Fit im Kopf**" kostenlos herunterladen
           Mein RATGEBER „Anti-Aging-zum-Nulltarif"
           Mein RATGEBER „Trennkost – Geheimcode der Prominenz"
           Mein RATGEBER „Keine Lust auf Sport!"
           Mein RATGEBER „Meridianklopfen – raus mit der Angst … „

Haut trocken/Altersflecke

Haut altert nun mal. Und da sie ja als Spiegel des Alters gilt, möchte jedermann so glatt und jungendfrisch aussehen, wie nur möglich, am liebsten, wie dereinst als junger Mensch.

Gibt es tatsächlich Mittel und Wege, um das zu erreichen? Nee, nicht wirklich. Und ich werde einen Teufel tun, Ihnen ein Wundermittel zu versprechen, mit dessen Hilfe die äußeren Vorgänge des Alterns aufzuhalten sind. Aber ….

Es gibt also solche Wundermittel nicht. Da mag die Industrie noch so viel verhei--ßen und die allerneuesten Forschungsergebnisse vollmundig vorstellen und ganz neue Technologien anpreisen. Es gibt nichts, aber auch gar nichts, was die jugendliche, faltenfreie Haut zurückbrächte.

Ich weiß genau, wovon ich spreche, denn ich habe selbst eine sehr schöne Kosmetikserie über viele Jahre hinweg produziert und sehr erfolgreich vertrieben. Dafür habe ich die allerbesten Zutaten verwendet und nur Konservierungsmittel genutzt, die auch für Lebensmittel zugelassen werden und die nicht deklariert werden mussten.
Meine Kosmetik war also tatsächlich absolut rein, man konnte sie praktisch essen. Leider machte mir die Gesetzgebung einen Strich durch die Rechnung und ich musste meine ehrgeizigen Produktionspläne aufgeben.

Für die Kosmetikherstellung gelten nämlich deutlich strengere Gesetze, als zur Herstellung von Lebensmitteln (!). Ich hätte also weitaus tiefer in die Chemietöpfe greifen müssen. Und genau das wollte ich nicht.
Daher weiß ich, dass es keine wirkliche Frisch-Kosmetik gibt, auch wenn eine

solche immer wieder angepriesen wird. Ich kenne nämlich nahezu alle Rohstoffe die zur Kosmetikherstellung erforderlich sind.
Ich bin demnach sicher, dass es keine Mittel gibt, die das Wunder vollbringen können, die einmal erworbene Falten wieder glattzubügeln..

Und dafür gibt es einen untrüglichen Beweis – und den können wir selbst jeden Tag begutachten.

Wir sehen ja die älteren Herrschaften die in der Öffentlichkeit stehen. Wir sehen Politiker und Politikerinnen, Damen und Herren, die in der Wirtschaft und in der Wissenschaft eine Rolle spielen, sehen Schauspieler und Schauspielerinnen. Und durch das Fernsehen präsentieren sich auch oft die Superreichen des Landes.
Sie alle sind optisch den Alterungsprozessen genauso ausgeliefert, wie Tante Emma oder Onkel Otto von nebenan.
Daran beweist sich doch, dass die teure Caviar-Creme oder das superteure Serum kaum mehr verjüngende Wirkung zeigen kann, als die einfachen Cremes aus dem Supermarkt. Freilich wirkt ein gepflegter Mensch jugendlicher und ansprechender als jemand, der seinem Äußeren keine Aufmerksamkeit widmet.

Aber an der Tiefe der Falten und hängenden Hautpartien ist mit kosmetischer Einwirkung nur wenig zu ändern.

Dennoch will ich Sie durchaus dazu motivieren, auch der „Haut zuleibe zu rücken", wenn wir uns mit den Baustellen des Alters beschäftigen.
Da empfehlen sich vor allen Dingen Langzeitprojekte, die viel Disziplin erfordern. Dazu gehört eine optimale Nährstoffversorgung, wie auch das Arbeiten an der Seelenlage, die nämlich ist zuständig für die Ausstrahlung eines Menschen und somit seine optische Wirkung.
Es gibt Mitbürgerinnen und Mitbürger, die sind von der Natur mit einer samtigen,

feinporigen Haut gesegnet sind, die vom Zahn der Zeit offenbar kaum berührt werden.

Wir anderen Sterblichen aber dürfen durchaus den Kampf aufnehmen, um auch im Alter frisch und jugendlich daherzukommen und nett auszusehen.

Wenn ich in diesem Zusammenhang mit „inneren Werten" komme, so sollten Sie nicht gleich abwinken. Die Geisteshaltung bestimmt nämlich zweifelsfrei unser Erscheinungsbild. Und darum geht es uns ja, nicht wahr?

Also auch daran ist zu arbeiten, denn wie wir wirken, hängt genau davon ab. Ich erinnere an ein Gespräch mit einer Klientin, die mich bei der ersten Begegnung nicht genau gemustert hatte.

Erst als wir auf unser Alter zu sprechen kamen, schaute sie mich genauer an und sagte erstaunt: „Ach ja, jetzt sehe ich es, ich hatte die ganze Zeit den Eindruck, mit einem jungen Menschen zu sprechen!

Sogar der optische Eindruck lässt sich über die Haltung beeinflussen. Ich erinnere dafür an eine Begebenheit im Kurpark Bad Salzhausen.

Ich saß mit einer Gruppe von Kurgästen, die wegen ihrer Schlankheitskur mit der Trennkost in meinem Seminar teilnahmen. Das Thema Abnehmen und eine schlanke Figur beherrschte die Gespräche.

Plötzlich öffnete sich die Tür und eine hochgewachsene, schöne Frau in einem fließenden weißen Leinenkleid kam heraus. Die Frau war blond, braungebrannt und trug goldene Sandaletten. Alle Augen schauten ihr bewundernd nach.

Diese stolze Schönheit war keineswegs schlank, sondern eher das, was man üppig nennt. Ich musste schmunzeln, denn bei ihrem Anblick war die Sehnsucht nach einer schmalen Taille, bei ihren Bewunderern, und dazu zählte auch ich mich, ganz plötzlich Nebensache und das bedurfte keines Kommentars.

__Die schöne Dame schwebte an uns vorbei und es war klar, wie bewusst sie sich ihrer Wirkung war. Eine eindrückliche Erfahrung für alle Anwesenden….__

Aber ob es um Anwendungen und Pflege von innen oder außen geht, ich will Ihnen auf jeden Fall ein paar Tricks verraten und Tipps geben, wie Sie sich wohler in Ihrer gepflegten Haut fühlen und was Sie für eine jugendliche Erscheinung tun können.

Dies sind meine Empfehlungen:

1. Eine weiche Haut mit feineren Poren erzielt man tatsächlich mit **Kohl**. Wenn Sie eine Saftpresse für Gemüse haben, mischen Sie täglich, ein paar Tropfen frisch gepressten **Weißkohlsaft** in ihre Tages- und Nachtpflegecreme. Ich selbst gehe gelegentlich mit kleinen Weißkohlblättern auf den Wangen ins Bett. Vorher habe ich sie mithilfe der warmen Hände mit leichtem Druck auf das Gesicht „geklebt". Resultat – samtweiche Haut.
2. Rissige Fersen, raue Ellenbogen und Knie können Sie üppig mit **Beinwellsalbe** eincremen. Das macht samtweiche Haut und beugt der Hornhautbildung vor. **Siehe Video**
3. Vermischen Sie Ihre Gesichtspflege mit einem Tropfen **Beinwellöl** oder Beinwellsalbe, dieser sagt man nach, dass sie zellerneuernd wirkt
4. Bei juckender Haut hilft **Neurodermitis-Pflegecreme** **Siehe Video**
5. Raue, warzenartige **Altersflecke** lassen sich gut mit Teebaumöl oder frischem Ananassaft behandeln. Auch der Saft aus einem Zweig der **Aloe-vera-Pflanze** soll dagegen helfen. Ich selbst habe festgestellt, dass sich manche der Altersflecke oder hässliche Erscheinungen auf der Haut mit diesen Maßnahmen vertreiben lassen, andere bleiben leider völlig unbeeindruckt. Man muss ausprobieren, worauf die eigenen Dinger reagieren. Man braucht allerdings oftmals viel Geduld und gelegentlich, wenn sie an verborgener Stelle sitzen, auch den Mut zur Toleranz (!).
6. Pflegende **Gesichtsmasken** lassen sich **aus Obst und Gemüse** herstellen: Obstsäuren haben eine regenerierende (peelende) Wirkung.

<u>Zur Regeneration</u>: Die Basis ist Quark, oder Joghurt. Gemischt wird mit frischem Avocado-Mus, einige Tropfen Olivenöl oder Mandelöl, oder Beinwellöl, sowie einigen Tropfen Zitronensaft , Eigelb, AloeVera-Gel

<u>Zur Durchblutung</u>: Erdbeermus, anderes Fruchtmus (ausprobieren, was man verträgt, nicht zu lange wirken lassen). Lauwarm abwaschen.

<u>Zur Straffung</u>: Heilerde mit wenigen Tropfen Öl und Zitrone, geschlagenes Eiweiß, vermischt mit Avocado-Mus und einige Tropfen Zitronensaft.

7. Für ein fröhliches Gemüt rate ich zu *energetischen Anwendungen*. Diese können für ein ausgeglichenes Gemüt sorgen und entspannte Gesichtszüge. Das wiederum vermittelt ein faltenärmeres Aussehen   **Siehe Artikel**

8. *Schüssler* Salz   **Siehe Artikel**

9. *Wechselduschen* am Morgen machen nicht nur müde Menschen munter, sondern regulieren niedrigen, aber auch hohen Blutdruck. Der Reiz, den kaltes und heißes Wasser im Wechsel auf die Poren ausübt, ist wie, wenn man sie turnen ließe. Das fördert die Durchblutung und regt den Stoffwechsel an.

10. Eine *Dusche* mit kräftig prasselndem Wasserstrahl über den ganzen Körper führen. Dabei werden die Energieströme, die in den Meridianverläufen fließen, stimuliert und aktiviert. Das unterstütze alle Körpersysteme und regt zu Heilung und guter Laune an.

11. *Viel trinken* von klarem Wasser hilft, zu entgiften und einen klaren, strafferen Teint zu bekommen. Passende Tees unterstützen diese Wirkung

Schenken Sie Ihrer äußeren Schönheit viel Aufmerksamkeit mit natürlichen Mitteln. Damit unterstützen Sie viele Heilvorgängen. Eine heile Seele und ein gesundes Selbstbewusstsein sorgen zudem für eine magnetische Ausstrahlung.

Extratipps: Mein RATGEBER „Anti-Aging-zum Nulltarif", „Trennkost Geheim-Code der Prominenz", Video: „Beinwellssalbe selber machen"

Haarausfall - Haare brüchig - Kopfhaut juckt

Eine kleine Übung kann Wunder bewirken in Bezug auf den Hormonstatus und wenn Östrogenmangel den Haarwuchs hemmt.

Für die Haarpflege gibt es unzählige Tipps. Meine Mutter wusch sich ihre Haare lediglich mit Eigelb und spülte mit Wasser nach, dem sie einen Schuss Essig beigab. Sie hatte bis zu ihrem Tod kein einziges graues Haar, sondern eine glänzende Haarfülle. Alle Leute dachten immer, dass sie eine Perücke tragen würde. Meine Mutter war sicher, dass dies ihrer speziellen Haarpflege zu verdanken war.

Wenn Haare im Alter dünner werden, so liegt der Grund oftmals an dem sinkenden Östrogenspiegel. Dagegen empfehle ich einige Griffe in Folge aus dem *Japanischen Heilströmen*. Ich selbst habe diesen Griff oftmals angewandt, um in den Wechseljahren meinen Hormonhaushalt zu unterstützen. Inwieweit der Griff sich auf meine Haarpracht ausgewirkt hat, kann ich nicht sagen. Meine Haare sind zwar inzwischen „seniorenblond", oder wie ein bissiger Friseur mal meinte, „friedhofsblond", aber tatsächlich unvermindert" üppig.

Dies sind meine Empfehlungen:
1. Für seidiges, gepflegtes Haar empfehle ich eine Packung aus reinem *Olivenöl* die Nacht über. Danach mit mildem Shampoo gut auswaschen.
2. Der Der *Östrogengriff* ist ganz einfach: Sie umfassen mit rechter Hand den Ringfinger der linken Hand. Kopf wird seitlich auf die linke Schulter gesenkt, soweit es geht. Der Körper bleibt dabei aufgerichtet, die Halssehne ist gedehnt. Nach etwa 3 Minuten den Kopf diagonal nach vorn neigen. Ebenfalls 3 Minuten verharren. Täglich 1-2 Mal wiederholen.
3. *Beinwelltinktur* (in Pipettenflasche nimmt den Juckreiz schnell **Video**

Heuschnupfen, Allergien, Neurodermitis

Ich war öfter schon so kühn zu behaupten, dass ich mit einem einfachen Griff die meisten Betroffenen gut über die Heuschnupfenzeit bringen könne.

In den allermeisten Fällen konnte das tatsächlich gelingen. Es gibt deshalb auch gar keinen Grund, weshalb man das nicht ausprobieren soll, statt kritiklos starke „Arznei-Hämmer" einzunehmen. Mit dem *Strömen* von einem einzigen Energiepunkt sind uns schon öfter solche spektakulären Erfolge gelungen.
Probieren Sie es einfach aus. Vielleicht liegt hier für Sie die Lösung gegen die lästige Schniefferei und die zugeschwollenen Augen in der Pollenzeit.
Wichtig ist, dass Sie gleich mit dieser einfachen Behandlung beginnen, bevor die Pollen ihr allergieauslösendes Unwesen treiben.

Bei der Gelegenheit kann gleich ausprobiert werden, inwieweit sich auch Unverträglichkeiten, z. B. von Lebensmittel mit dem gleichen Griff auf Energiepunkt **19a** günstig beeinflussen lassen. Hierbei ist nach meinen Erfahrungen durchaus öfter, aber leider nicht immer, ein guter Erfolg zu erwarten.

In Bezug auf die Neurodermitis stelle ich eine Pflegecreme zusammengestellt, die oft zumindest den schlimmsten Juckreiz mindern kann.
Hier lautet die Empfehlung ebenfalls, auszuprobieren, ob die Creme überhaupt vertragen wird, oder, wie auch öfter geschehen, die Hauterscheinungen gar nicht reagierten, oder die Creme sogar als unangenehm empfunden wird.
Da ich eine Creme empfehle, die Sie selber herstellen können, lohnt sich ein solcher Versuch allemal.
Hierfür ist es meiner Meinung nach wichtig, dass nicht mit Zusatzstoffen hantiert wird, die die Beschwerden langfristig vielleicht sogar verschlimmern oder neue hervorrufen.

Dies sind meine Empfehlungen:

1. Aus dem Japanischen Heilströmen strömen Sie den *Energiepunkt 19a*. Er liegt eine Handbreit über dem Ellenbogen, leicht nach hinten. Der Punkt tut bei Druck deutlich weh. **Siehe Artikel**
2. *Trinken Sie viel klares Wasser*, das entgiftet und entschlackt
3. Salbenherstellung: *Beinwellsalbe gegen Juckreiz*: Dafür lassen Sie 100 g getrocknetes und geschnittene Beinwellwurzeln in ½ L Distelöl auf kleinster Flamme mind. 1 Stunde ganz leicht köcheln. Danach durch ein Teesieb gießen. In dem klaren Öl etwa 50 g Bienenwachs (Apotheke oder Kräuterladen) schmelzen lassen. In kaltem Wasserbad unter langsamem Umrühren zu Creme werden lassen, Abfüllen in Cremetöpfe.
4. *Neurodermitis-Pflegecreme:* 50 ml Beinwellöl herstellen siehe oben, 50 ml Borretschöl und 50 ml Calendulaöl in Apotheke oder Kräuter-laden bestellen, zusammen erwärmen, 17 g Bienenwachs darin auflösen und unter Rühren mit Schneebesen im Wasserbad erkalten lassen. Abfüllen. Bäder im Meer, oder in der Wanne mit *Meersalz*, tun der Haut gut. Die Dämpfe einatmen, das pflegt die Atemwege und wirkt gegen Allergien.
5. *Duschbäder* unter prasselndem Strahl. Diesen über den gesamten Körper führen. Das stimuliert den Energiefluss in den Meridianverläufen.
6. Stärken der *Psyche*: „Man kann nicht aus seiner Haut!" hier ist es wichtig, Ängste, Sorgen, Unsicherheiten und überschießende Gefühle, wie auch Eifersucht, Wut, Hass, vom Schicksalsweg zu räumen. In Selbsthilfe können dafür schon die ersten Schritte gemacht werden, Dafür bietet sich an: MERIDIANKLOPFEN, BSFF, EMDR **Siehe Artikel**

Besonders traumatische Erlebnisse, die nicht verarbeitet werden konnten, finden ihr Ventil oft über die Haut. Therapeuten können helfen.

Extratipp: Meine RATGEBER „Japanisches Heilströmen" u. „Meridianklopfen"

Beginnende Grippe, Erkältungen, Husten

Gegen drohende Erkältung, egal, ob durch Verkühlung oder einen eingefangenen Keim, habe ich eigene Strategien entwickelt und konnte auf diese Weise in den letzten Jahren fast vollständig die Gefahr umgehen.

Meine Hausärztin, die mich alle 6 Monate einbestellt, riet mir kürzlich dringend zu einer Vorsorge-Grippeimpfung. Dabei führte sie mir vor Augen, wie schlimm es ausgehen könnte, wenn es mich denn doch mal erwischt und dass es bei Senioren angeblich besonders gefahrvoll wäre.

Nee, das mag jeder handhaben wie er will, ich setze lieber auf mein Immunsystem. Und das scheint prima zu funktionieren, denn seit Jahren bleibe ich von Grippe- oder größeren Erkältungsattacken (nahezu) verschont.
Das heißt nun nicht, dass ich immer völlig unbeschadet durch die Lande ziehen kann.
Kürzlich war ich mit dem Zug unterwegs. Die Bevölkerung stöhnte an diesem Tag unter einer schwülen Hitze, sodass ich den Durchzug in meinem Zugabteil als angenehm empfand. Ich hätte es besser wissen müssen, denn am Folgemorgen wachte ich mit dickem Hals auf und konnte kaum schlucken. So eine Angina-Anfälligkeit begleitet mich eigentlich seit meiner Kindheit.
Früher musste ich dann ins Bett und brauchte einige Tage, dank der Hausmittel meiner Oma, bis ich wieder fit war. Heute wehre ich die ersten Symptome ab, greife gleich nach meinen bewährten *„Selbsthilfe-Helfern"* und kann damit rechnen, schnell wieder auf die Beine zu kommen. Vor allen Dingen tue ich dann so, als wäre ich gesund und gehe meinem Tagewerk wie gewohnt nach.

Meistens glaubt mein Unterbewusstsein mir meine Heilungs-Zuversicht und hilft mir rasch, diesem Gebot zu entsprechen.

Dies sind meine Empfehlungen:

1. ***Vitamine***, vor allem Vitamin C gegen Grippale Infekte, das sind die Soldaten, die als Abwehrtruppe gegen Bakterien und Viren ins Feld geführt werden sollten.
2. Meine ***Basis-Homöopathie-Hausapotheke*** ist: *Arconitum, Bryonia, Dulcamara, Thuja*. Gegen ***Schluckweh*** nehme ich guten *Honig*. Die Enzyme des ***rohen Honigs*** „fressen" die eitrigen Erscheinungen an den Mandeln regelrecht weg. Allerdings darf der Honig nicht erwärmt werden, etwa im Tee oder in der Milch.
3. *IngwerTee* stabilisiert Befindlichkeit, auch bei ***Magen/Darmbeschwerden***
4. Zum Gurgeln gegen ***Halsentzündungen*** helfen: warmes Salzwasser, ***Beinwell-Kaltansatz*** (Beinwellwurzeln geschnitten über Nacht in kaltem Wasser ziehen lassen, durchsieben und erwärmt anwenden) und ***Salbeitee***
5. Die ***Atemwege*** hält das Einatmen von Eukalyptusdämpfe frei, auch von Ätherischen Ölen in Duftlampen, heißen Bädern und Inhalationen
6. ***Hustenreiz*** lindert das Warmhalten der Bronchien mit einem Schal (die gesamte Erkältungs- Saison über). Globulis oder/und ein Teelöffel Honig können ersten Reiz auch besänftigen.
7. ***Energetische Unterstützung*** bietet das japanische Heilströmen bei ***Husten***. Dafür ströme man auf dem Rücken, neben der Wirbelsäule die Energiepunkte **9** und **10** (Höhe etwa zweihandbreit über der Taille, und eine.Handbreit darüber). Mit dem Griff habe ich auch schon chronischen Husten wegströmen können.
8. Gegen Fieber hilft rasch Energiepunkt **8a** unter dem Wadenmuskel
9. Gegen alle ***Grippebeschwerden***, auch Husten, Schniefen, Kopfschmerzen, Fieber setze ich grundsätzlich immer das ***Merdianklopfen*** ein

Wichtig ist, gleich zu handeln, bevor der Körper sich auf Kranksein einrichtet.

Depressionen müssen nicht hingenommen werden

Ja, die eine oder andere kleine oder größere Depression kann den Alterungsprozess schon mal begleiten. Wichtig ist, das bloß nicht einfach hinzunehmen, denn, es geht durchaus auch anders!

Wohlgemerkt soll hier nicht die Rede von einer Klinischen Depression sein, die der Behandlung durch Psychologen bedarf. Vielmehr geht es um Einsamkeitsgefühle, Trauer über scheinbar Verlorenes, über Vergangenes und das ohnmächtige Gefühl, an einem leer gewordenen Leben nichts ändern zu können. Bewusstmachen heißt hier das Zauberwort, mit dem wir nun operieren, damit dieser neue Zeitabschnitt nicht zum Desaster, sondern zu einer Erfolgsgeschichte gerät. Keineswegs begleitet eine sogenannte Altersdepression das Älterwerden zwangsläufig. Meine Oma pflegte zu sagen: *„Es liegt alles im Auge des Beschauers!"*

Und wenn wir es richtigmachen, bestimmen wir selbst, wie wir etwas betrachten wollen. Es kann also eine wertvolle, eine genussvolle und auch spannende Zeit auf uns warten. Es gibt keinen Grund zu Resignation. Vielmehr ist nun besonders wichtig, sorgsam auf sich selbst zu achten und festzustellen, was nicht mehr so geht und was durchaus noch möglich ist, und - was besonders gut gelingen kann.

Jetzt kommt es auf das halbvolle Glas an, nicht auf das halbleere!

Es ist also eine Frage des Betrachtens, dass man das halbvolle Glas zu Kenntnis nimmt, und darauf, wie wichtig man dessen Inhalt findet. Und auch, wie sehr man bereit ist, sich darüber zu freuen und es auch zu feiern, statt den Blick in die Vergangenheit zu richten. Nun also ist die Bereitschaft gefragt, sich freudig darauf einzulassen, was eine schöne Lebensphase wertvoll machen kann, Und das sieht eben etwas anders aus, als bisher, muss aber keineswegs weniger interessant sein.

Dies sind meine Empfehlungen:

1. Ausruhen von einem langen Arbeitsleben? Das ist ein zweischneidiges Schwert. Etwas langsamer, alles, o.k., aber ohne Fixpunkte verrinnt der Tag und gerät zu *Langeweile, zu Einsamkeit und Leere*, sodass auch einfache Handhabungen des Alltags zur Last werden können.

2. Wer rastet, *der rostet*. Ich lernte einmal eine 88-jährige kennen, die mir sagte, dass sie, wenn keine Einkäufe anständen, sie ihre Treppenstufen rauf und runter gehen würde, damit sie nicht einrostet.

3. Der Tag braucht einen Rahmen. Betrachten wir die „Alten", die ein erfülltes Leben haben. Sie lassen den Tag nicht einfach vergehen, sondern sie haben sich eine *Struktur* aufgebaut, in der selbst auferlegte Pflichten und Hobbys sich planmäßig abwechseln.

4. Gegen *trübe Stimmungen* empfehle ich Johanniskrauttee, der dann dauerhaft getrunken wird, er entfaltet seine Kraft erst nach einigen Wochen

5. Schnelle Hilfe wird ist vom Thymusklopfen zu erwarten. Diese Anwendung aus dem Japanischen Heilströmen beeinflusst das Unterbewusstsein und vermag dadurch die *Stimmung zu heben*, sowie Lust auf Leistung zu machen

6. Aus dem Japanischen Heilströmen ist auch die Anwendung des MITTELSTROMs sinnvoll. Dieses einfache Halten von Akupunkturpunkten auf der Körpermitte zentriert die Energieströme und hat *ordnenden Einfluss auf Körper und Seele*. **Siehe Artikel**

7. Das einfache Halten des Energiepunkt **13** (rechts und links zu Füßen des Brustbeins) im Verein mit dem Energiepunkt **15** (Fingerreihe in der Leistenbeuge), vermag *glückliche und freudige* Stimmung zu generieren.

8. Eine kalte Dusche oder ein kalter Wasserstrahl auf den Puls, konditioniert das Blut basisch, das hebt die Stimmung sofort.

9. Sehr hilfreich kann eine *Meditation* zum Entspannen und Loslassen sein

DEPRESSIONEN
Das empfehle ich ebenfalls:

1. Hier habe ich ein wahres Zaubermittel, das tatsächlich eine wirklich sofortige Verwandlung von soeben noch tieftraurig, zu glückhaften Empfindungen umwandeln kann. Es kommt aus der *Fußreflexzonen-massage*: Massieren Sie dafür die kompletten vorderen und hinteren Fersenregionen rund um die Knöchel herum. Dort finden sich die Entsprechungen für die reproduzierenden Organe (bei Frauen:Eierstock, Gebärmutter). Durch Hormonausschüttung *sofortige Gemütsaufhellung*.
2. Massieren Sie an den Händen und Füßen die „Schwimmhäute bis weit zum Skelettsystem von Fingern und Zehen hin. Das bringt die *Lymphe* zum Fließen. Dadurch werden *Staus und Blockaden aufgelöst*.
3. Schränken sie den Konsum von konzentrierten Kohlenhydraten, wie Getreideprodukte und Zucker ein. Essen Sie viel Gemüse das *ermuntert*
4. Nehmen Sie das Thema *Übersäuerung* sehr ernst. Von Ihrem bioche-mischen Status hängt es weitgehend ab, in welcher *Stimmung* Sie sind, wie Sie den Widrigkeiten des Alters und des Alltags begegnen können.
5. Die *5 Tibeter*". Diese einfache Gymnastik für die *Flexiblität des Rückens* und der Gelenke, kann auch die *Flexiblität des Geistes und der Seele* unterstützen. Jede dieser Übungen hat eine hormonstimulierende Wirkung und somit einen Einfluss auf die Stimmung.   **Siehe Artikel**
6. Lernen Sie die Anwendung des *BSFF* (Be Set Free Fast) kennen. Damit können Sie sich die Unterstützung Ihres eigenen Unterbewusstseins ins Boot holen und sich in jeder Lebenssituation helfen lassen. **Siehe Artikel**
7. *Homöopathie und Schüsslersalz*e sollten unterstützend genutzt werden
8. *Meridianklopfen:* Vertreiben Sie Ängste und Zweifel aus Ihrem Leben

Extratipp: Meine RATGEBER „Keine Lust auf Sport!", „Meridianklopfen"

Nachlassende Energie

Es ist ganz natürlich, dass in den späten Jahren der Körper einer Material-ermüdung unterliegt. Das kann man widerspruchslos hinnehmen, oder den Kampf gegen den Verfall aufnehmen. Und dafür gibt es geniale Möglichkeiten.

Nun gilt es einen „Kassensturz" und in einer ehrlichen Bilanz zu ermitteln, welche Ressourcen vorhanden sind und wie man sie nutzen kann. Für den Körper sowieso, aber auch für den Geist gibt es wirkungsvolle Trainings-und auch Auf-baumöglichkeiten, um wieder beachtliche Leistungen zu generieren, auch dann, wenn man das Gefühl hat, dass die Kräfte deutlich nachgelassen haben. Nun ist es wichtig geworden, das halb*volle* Glas unter die Lupe zu nehmen und genau anzusehen, was noch geht und wovon man sich unwiderruflich verabschieden muss. Letzteres sollte man ohne Bedauern tun, denn wir brauchen unsere Energie, unseren Kampfgeist für die Möglichkeiten, die vor uns liegen und die wir nicht an den Rückwärtsblick verschwenden sollten. Und diese *neuen Chancen* gibt es reichlich, wenn wir bereit sind, Neues zu planen, uns auf Neues einzulassen.

Und – wieso soll man sich für die Leere in einem Glas interessieren?

Welchen Sinn sollte es machen, Verlorenem nachzuweinen und dem dadurch noch weiter mit kostbarer Energie zu füttern, die wir doch dringend brauchen für eine neue Lebensphase. Und für die wollen wir uns freudigen Herzens fit machen. Loslassen ist eine der schwierigsten Bemühungen überhaupt. Und so erklärt sich, dass es uns erschrocken macht, wenn nun urplötzlich nicht mehr alles ganz so ganz leichtfällt, wie ehedem. Wir sind nun gehalten, Hast und Stress loszulassen.

Sie können tatsächlich noch alles machen, was Ihnen wichtig ist, nur nicht mehr ganz so schnell, dafür in besserer Qualität, dies mit kluger Überlegung.

Dies sind meine Empfehlungen:

1. Ihre wichtigste Maßnahme ist eine gute Ernährung, in der alle nötigen *Nährstoffe* enthalten sind, die der Mensch für das Funktionieren aller seiner Systeme benötigt.
2. Essen Sie *genügend Obst, Gemüse, Salat*, gegen drohender Übersäuerung
3. Japanisches Heilströmen: dafür nutzen wir das *Thymusklopfen*. Damit gelingt es, dem Unterbewusstsein Affirmationen einzuprägen, die dabei helfen, in eine motivierte Stimmungslage zu kommen.
4. Als Bewegungsprogramm eignen sich hier die *5 Tibeter*, die eine Wirbelsäulengymnastik darstellen und Hormonausschüttungen initiieren.
5. Aus dem Japanischen Heilströmen bietet sich der *MITTELSTROM* an. Dafür werden bestimmte Akupunkturpunkte nacheinander gehalten, die dabei helfen, in „seine Mitte" zu kommen und zu bleiben. Dies in körperlicher, wie auch in seelischer Hinsicht. Außerdem hilft dieser Strom dabei, motorische Blockaden aufzulösen.
6. *Laufen* Sie jeden Tag. Die Streckenlänge richtet sich nach Ihren körperlichen Möglichkeiten. Dafür eignet sich auch *rasches Gehen*. Es stimmt einfach nicht, dass nur Höchstleistungen Wirkung zeigen. Jedes kleine Bemühen hat positive Reaktionen der Körper- Geist-Systeme zur Folge.
7. Nehmen Sie freudig jede Treppe in dem Bewusstsein, dass sich mit jeder überwundenen Stufe *neue Neuronen* in ihrem Gehirn bilden.
8. Trainieren Sie das *Energieatmen*. Mit jedem kontrollierten Atemzug wächst ihre *Kondition*, auch die seelische Widerstandskraft   **Siehe Art**
9. Zügiges Laufen: damit wird dem Körper signalisiert, dass es sich um einen jungen, vitalen Menschen handelt. Alle Systeme richten sich darauf ein.

Extratipp: Mein RATGEBER „Keine Lust auf S"port!", „Meridianklopfen

Mit der geminderten körperlicher Leistungsfähigkeit kann es leicht passieren, dass sich eine gewisse Resignation einschleicht.

Es gibt eine Reihe von einfachen Möglichkeiten die angewandt werden können, um Lebensfreude, Lust auf Leistung und auf interessantes Erleben, zu trainieren.

Dies sind meine Empfehlungen:

1. *Meridianklopfen* ist dafür mein Mittel zur Wahl. Die Variante *Thymusklopfen* kann auf der Stelle dabei helfen, dem Unterbewusstsein *neue Impulse* zu geben und in eine positive und zuversichtliche Seelenlage zu kommen. **Siehe Artikel**

2. *BSFF* Be Set Free Fast ist ebenfalls eine Variante des Meridianklopfens, das ohne Aufwand der motivierende Begleiter durch den Alltag sein kann. Hiermit gelingt es das eigene Unterbewusstsein als klugen Ratgeber und zuverlässigen Assistenten für alle Lebenslagen zu gewinnen. Sie können damit Ihr *Unterbewusstsein programmieren*. **Siehe Artikel**

3. Aus dem Japanischen Heilströmen bietet sich der *MITTELSTROM* an. Dafür werden nacheinander Energiepunkte auf dem Mittelmeridian jeweils für wenige Minuten gehalten. Damit wird die körperliche und seelische Mitte stabilisiert und dem Ordnungsprinzip angeschlossen.

4. Wählen Sie als Bewegungsabläufe „*die 5 Tibeter*". Diese Übungen gelten nicht nur als Wirbelsäulengymnastik. Sondern auch als Quelle für Hormonausschüttungen, die das Selbstbewusstsein stärken können.

Extratipp: Meine RATGEBER „Keine Lust auf Sport, „Meridianklopfen, raus mit der Angst aus Ihrem Leben!" „Japanisches Heilströmen Hausapotheke"

Kopfschmerzen/Migräne

Meine Maßnahmen sind eher unkonventionell und lassen die Ärzteschaft und die Pharmaindustrie den Kopf schütteln. Aber ich beweise Ihnen gerne, dass sich offenbar mit so einfachen Mitteln ganz oft Kopfschmerz und Migräne dauerhaft besiegen lassen.

Auch war eine Betroffene. Ich erinnere noch deutlich, wie es war, als ich regelmäßig von heftigen Kopfschmerzattacken heimgesucht war. Jede Bewegung und jedes Geräusch löste Schmerzqualen aus, als wolle der Schädel zerspringen. Und sowas habe ich dann auch noch geerbt. Lange dachte ich, damit müsse man eben leben, zumal alle Medikamente die eingenommen wurden, Schmerzschübe nicht minderten, sondern diese noch von heftiger Übelkeit begleitet. Erst wenn man sich dann erbrechen konnte, ließ die Attacke nach. Zu meinem Glück lernte ich in den 90-er Jahren die ***Kräuterfrau Grete Flach*** aus Büdingen kennen.

Sie behauptete kühn, Kopfschmerzen kämen immer von den Nieren. Was, wie?

Sollten ihre Aussagen alle die umfangreichen Studien die sich weltweit mit den rätselhaften Kopfschmerz- und Migräneanfällen der Bürger beschäftigten, ad absurdum führen? Nun, ich halte ja immer alles für möglich und probiere lieber aus, als etwas abzulehnen, was nicht in das aktuelle und gerade „moderne Medizinverständnis passt. Da ich mich damals gerade mit der ***Trennkost*** beschäftigte, die ja in ihrem Ursprung eine Nierenregenerationsdiät ist, gelang es mir durch einfache Ernährungsumstellung tatsächlich, mich von den üblen Migräneschüben zu verabschieden. Und mit mir profitierten alle meine Seminarteilnehmer, denen ich natürlich flugs von meiner Entdeckung berichtete.

Unzählige Rückmeldungen bestätigten die These einer einfachen Kräuterfrau.

Dies sind meiner Empfehlungen:

1. *Trennkost* war als Nierenregenerationsdiät von einem Dr. Hay aus USA entwickelt worden, der damit seine Schrumpfnieren heilen konnte. Diese Ernährungsweise wird auch als Entgiftungssystem angewandt. Möglicherweise liegt hier der Grund für den Erfolg. Kopfschmerzen sind sicherlich oft die Folge von Medizinalgiften, Lebensmittelzusatzstoffen, Umweltgiften und Drogen, Damit können Vergiftungszustände ausgelöst werden.
2. Beim Japanischen Heilströmen wird der *Energiepunkt 1* geströmt, wenn Kopfschmerzen von starker Willensanstrengung herrühren.
3. Ebenfalls aus dem *Heilströmen* kommt der Kopfschmerzgriff, bei dem die Energiepunkte 16, 5 und 7 gemeinsam gehalten werden   **Siehe Artikel**
4. Aus dem *Heilströmen* helfen die Akupunkturpunkte an Gesicht und Kopf
5. Die *CranioSacraltherapie* rät zum „Auraziehen". Dabei wird mit der flachen Hand die betroffene Stelle (Stirn, Seiten, Hinterkopf) mit leichtem Druck gehalten. Die Hand bewegt sich dann horizontal ganz langsam vom Kopf weg (dabei langsam bis 30 zählen), so als würde man die Aura des Schädels wegziehen. Im Wechsel die anderen betroffenen Stellen „ziehen"
6. Ebenfalls eine *CranioSacraltechnik* ist, sich zum Boden herunter zu bücken und den Kopf pendeln lassen, so als würde er lose an einer Schnur hängen. Nicht reißen oder zerren. Das hilft bei leichten Kopfschmerzen.
7. Wer das Übel an der Wurzel packen will, hilft sich mit einer Basisbehandlung aus dem Japanischen Heilströmen. Dabei wird der *Nierenstrom* angewandt. Um zu demonstrieren, wie einfach es ist, ihn zu praktizieren, habe ich davon ein kleines Video gemacht, das kostenlos herunterzuladen ist.
8. *Spannungskopfschmerzen* lösen sich auch beim Heilströmen, wenn die Kopfpunkte (Energiepunkte 2, 21, 20) einige Minuten gehalten werden.

Extratipp: Meine RATGEBER Trennkost – Geheimcode", „Meridianklopfen"

Einsamkeitsgefühle

Es ist wissenschaftlich erwiesen, dass Einsamkeit krank macht. Besonders ältere Menschen fühlen sich oft alleine gelassen und finden dann nur schwer den Anschluss, der sie nach der Berentung in ein zuverlässiges soziales Umfeld einbettet.

In London gibt es ein Einsamkeitsministerium. Dieses arbeitet daran, einsamen Menschen dabei zu helfen, ein geselliges und behütetes Alter zu erleben . Weil eine solche Maßnahme auch hierzulande nötig geworden ist, gehört zu unserer Regierung auch ein Einsamkeitsbeauftragter/eine Beauftragte. Das Ziel ist es den Bürgern dabei zu helfen, Krankheiten zu vermeiden, deren Ursache ihr starkes Einsamkeitsgefühl ist. Der Grund für eine solche Notwendigkeit ist, dass die Familienverbände auseinanderbrechen, die Wohnungen keinen Platz mehr bieten für die Omas und die Opas, und oftmals Umzüge in ferne Gegenden nötig werden, um den beruflichen Möglichkeiten nachgehen zu können. Dabei gehen Familienbande verloren und auch Geschwister sind oft in alle Winde verstreut. Das Fernsehen trägt ebenfalls sehr zur Vereinsamung bei. Oftmals entscheiden sich Alleinstehende oder auch Paare, lieber „gemütlich" daheim auf dem Sofa zu bleiben und Unterhaltung zu konsumieren, statt sich ins Auto oder auf das Fahrrad zu schwingen oder auf öffentliche Verkehrsmittel angewiesen zu sein, um Freunde zu besuchen oder etwa Tanzen zu gehen.

Ja, die Welt hat sich verändert und die geselligen Gewohnheiten der früheren Zeiten greifen nicht mehr. Andererseits war es noch nie so leicht, Kontakte zu knüpfen. Wir müssen sie nur sehen wollen.". Und dafür zitiere ich wieder mal meine Oma: „Es gibt nichts Gutes, außer man tut es!"

Und dafür muss jeder selbst aktiv werden und sich oft sogar erst aufraffen!

Dies sind meine Empfehlungen:

1. Wer alleine ist, sollte nicht eine Partnersuche „auf Teufel komm raus" initiieren. Das kann leicht zu Enttäuschungen führen und man kapselt sich dann erst recht ab. Wichtiger ist es, *neue Freunde* zu finden, die ähnliche Interessen haben, wie man selber. Dabei kann man durchaus auch den/die Partner/In für immer kennen lernen. Und wenn nicht, ist es auch nicht schlimm, wenn man von einem tragfähigen Freundeskreis umgeben ist.
2. Durchforsten Sie die Angebote der *Volkshochschulen*. Diese sind inzwischen so reichhaltig, dass gewährleistet ist, Mitstreitern für *eigene Interessen* zu finden.
   Belegen Sie Seminare, in denen „moderne" Techniken erlernt werden können. Beispiele können sein: Umgang mit dem Fotohandy, wie nutzt man Fotoshops, u. s. w., wie kann man zielgerichtet *googeln*.
   Künstlerische *Fertigkeiten* kann man erlernen: Zeichnen, Malen, Tonarbeiten, Porzellanmalerei, Nähen, Häkeln, Stricken, Blumenstecken und Vieles mehr. Aber auch Yoga und Tanzen und Wandern oder andere sportliche Aktivitäten stehen auf dem Programm.
3. Gründen Sie Interessengruppen. Mitstreiter lassen sich per Kleinanzeige finden. Diese gibt es bei Ebay sogar kostenlos. Schildern Sie ihr Anliegen. Dabei kann man sich beispielsweise zusammenfinden zu einem Gesundheitsstammtisch, wenn man gemeinsam abnehmen will, zu Picknicks im Park oder im Garten, um zusammen zu kochen, zu Selbsthilfegruppen, oder um ein gemeinsames Hobby zu pflegen.
4. Gucken Sie nach, was die *Stadtverwaltung* Senioren kostenlos anbietet

Geben Sie nicht gleich auf, wenn sich nicht auf Anhieb die passenden Mitstreiter finden. Etwas Geduld ist unerlässlich, genau wie die Bereitschaft, selbst etwas von sich einzubringen, etwa Zeit, Engagement oder auch Ideen.

Augen – nachlassende Sehfähigkeit - Grauer Star

Bei unseren Vorfahren lebten die meisten Menschen bis ins hohe Alter ohne Brille, wie das bei Naturvölkern noch heute selbstverständlich ist.

Es verwundert, dass so viele Menschen in unserem Zivilisationskreis es als gegeben hinnehmen, dass ihre Sehfähigkeit in den mittleren Jahren rapide nachlässt, sich im Alter weiter verschlechtert und in vielen Fällen in einen Grauen Star mündet, bei dem nur noch eine Operation helfen kann.

So jedenfalls dachte auch ich, als auf einem meiner Augen nur noch eine Restsehkraft von 10% konstatiert wurde und auch das andere nur noch eine Sehfähigkeit von 60% aufwies. Dass ich zum Lesen und Arbeiten eine Brille mit 3,5 Dioptringläsern brauchte, erstaunte mich nicht sonderlich, denn fast alle Leute die ich kannte, brauchten Brillen.

Meine Augenärztin empfahl dann auch eine sofortige Operation, denn ich war ja damals schon weit über 70 Jahre alt und meine Augenlinsen müssten, wenn ich weiter zuwarten würde „herausgetrümmert" werden.

Das machte mir schon Angst, sodass ich eine weitere Meinung einholte. Aber auch diese Ärztin riet mir zur baldigen Operation. Ich vereinbarte also einen Termin in einer Augenklinik in Berlin und absolvierte alle Voruntersuchungen dafür.

Aber es sollte alles ganz anders kommen. Als ich zu dem vereinbarten Termin in der Klinik erschien, entschuldigte man sich dort mit der Krankheit des Operateurs. Man hatte mich telefonisch nicht erreichen können. Ich nahm diesen Bescheid als Wink des Schicksals, um meine Belange in die eigene Hand zu nehmen.

Ich bin bis heute, 6 Jahre später, immer noch nicht operiert. Ich arbeite und lese jetzt ganz ohne Brille und beabsichtige, ohne Operation auszukommen.

Dies sind meine Empfehlungen:

1. Meine Aufmerksamkeit habe ich auf das Wiedererlangen meiner Sehfähigkeit gerichtet und mich rundum informiert, was man selbst unternehmen kann. Und das ist erstaunlich viel!
2. Ich esse bewusst viel grünes Gemüse, wie Brokkoli, Grünkohl, Weißkohl, weil diese ***Lutein*** enthalten, einen Pflanzenfarbstoff, der die Augen stärkt
3. Ich verzehre regelmäßig rotes Gemüse, wie Karotten, Rote Bete, Paprika, weil ihr ***Carotin*** als Vorstufe zu Vitamin A die Augen schützt.
4. Vitamine ***E und C schützen*** vor Freien Radikalen, der Terrortruppe, die nicht nur die Sehfähigkeit, sondern insgesamt die Gesundheit bedroht.
5. Regelmäßige „***Turnen*** mit den Augen" stärken Bänder und Sehnen und trainieren die Sehkraft durch Augenrollen und durch Nah- und Fernsehen im Wechsel. Das mache ich öfter am Tage zwischendurch.
6. Achten Sie auf ihren ***Zuckerspiegel***, Diabetes hat einen zerstörerischen Einfluss auf die Sehfähigkeit.
7. ***Vermeiden*** Sie Bluthochdruck, Rauchen, Alkohol, Transfette in Fertiggerichten. Süßstoffe schädigen zudem die Gesundheit der Augen durch Veränderung der Makula
.

Ich selbst habe meine verbesserte Sehkraft einer Kur zu verdanken, die *Frau Dr. Veronica Carstens* in ihrer Zeitschrift NEUE MEDIZIN veröffentlichst hat. Frau Dr. Carstens, hat sich als Ärztin und ehemalige Gattin unsers damaligen Bundespräsidenten Carl Carstens sehr verdient gemacht durch Veröffentlichungen über Naturheilverfahren. Meine ***Waterloh-Kur*** beinhaltet 4 verschiedene Schüssler Salze, die ich seit 6 Jahren täglich einnehme (eine Tablette täglich im vorgeschriebenen Wechsel). Ich habe diese Empfehlung seither oft weitergegeben.

Allerdings ist einige Geduld erforderlich um nachhaltige Erfolge zu erzielen.

Das Herz bedarf besonderer Aufmerksamkeit. Dieser, unser „Motor" entscheidet als Taktgeber über unseren gesamten Lebensrhythmus.

Gerät das Herz aus dem Takt, sind wir schon sehr beunruhigt. Denn hier kündigen sich ja auch zumeist Herzinfarkt und Schlaganfall an.

Genauso ging es auch mir. Bei einer Routineuntersuchung stellte mein Hausarzt feste, dass ich zwar insgesamt Top-Werte bei den Bluttests vorweisen könne, aber beim EKG würde er deutliche Nebengeräusche feststellen. Er empfahl mir, das mal abklären zu lassen.

Nun bin ich kein sonderlich ängstlicher Typ und vergaß den ärztlichen Rat wieder, zumal ich erstmal keine Beschwerden hatte. Das aber sollte sich ändern. Plötzlich spürte ich mein Herz auf ungewohnte Weise als leichten Schmerz und spürbaren Aussetzern und deutlichen Rhythmusstörungen. Aber jetzt war ich doch ein wenig aufgeschreckt und wollte sogleich einen Termin beim Kardiologen machen. Das aber stellte sich als schwieriger heraus, als gedacht. Erst für 3 Monate später wurde mir ein Termin zugeteilt, nachdem am Telefon entschieden wurde, dass ich kein Notfall sei.

Etwas befremdet war ich schon. Aber das weckte auch meinen Sportgeist. Ich besann mich auf alles, was ich in Bezug auf Herzstärkung wusste und machte mich auch per Google weiter kundig. Bis zu dem vereinbarten Termin wollte ich beschwerdefrei sein. Dafür sicherte ich mir die Hilfe von Edelsteinen, kaufte mir im Internet *Weißdornbeeren*, trank literweise Weißdorntee und strömte mir fleißig den *Herzstrom*. Gegen aufkommende Angst wandte ich *Meridianklopfen* an.

Der Kardiologe fragte mich, als er mich untersucht hatte, verwundert, von welchen Nebengeräuschen ich denn sprechen würde. Alle die Beschwerden waren nämlich spurlos verschwunden.

Dies sind meine Empfehlungen:

1. Die hl. Hildegard von Bingen, schwor auf die *Heilwirkung* von Edelsteinen. Der Rosenquarz z. B. übertrage seine *beruhigenden Frequenzen* auf das Herz. Ich selbst habe seither ein großes Rosenquarzherz im Bett. Rosenquarz soll auch schädliche Strahlen von Elektrogeräten abfangen, So stehen große Rosenquarz-„Felsen" bei mir am PC und Fernseher.

2. Getrocknete *Weidornfrüchte* habe ich in der besagten Therapiezeit täglich geknabbert. Überall standen meine Tellerchen, mit den Kernen herum.

3. *Weißdorntee* ist sehr schmackhaft, den habe ich nun täglich konsumiert.

4. Besonders hilfreich war der HERZSTROM aus dem *japanischen Heilströmen*. Ich habe ihn wirklich fleißig jeden Tag zweimal geströmt. Jeweils gleich danach glaubte ich zu spüren, wie *mein Herzchen zur Ruhe* kam. Von dem Herzstrom habe ich ein kleines Video gemacht, das Sie sich bei Interesse kostenlos bei YouTube herunterladen können um zu sehen, wie einfach es ist, diese Griffe anzuwenden.

5. Empfehlenswert ist auch der *MITTELSTROM* aus dem japanischen Heilströmen. Dafür habe ich ebenfalls ein Video gemacht. Der Mittelstrom organisiert die spiegelgleich angelegten Energiepunkte auf beiden Körperhälften und sorgt damit auch für eine *ausgeglichene Gemütslage*. Zudem können auf diese Weise *motorische Blockaden aufgelöst* werden.

6. Das Meridianklopfen ist eine energetische Anwendung, die dabei helfen kann, *Ängste aus dem Leben zu vertreiben*. Und die sind ja in den allermeisten Fällen die Ursache für ein unruhiges Herz.

7. Energiepunkt 22 in der Kuhle neben dem Schultergelenk gegen Gefahr von *Schlaganfall* braucht immer nur wenige Minuten gehalten werden. S

Meine Erfahrung hat mir wieder einmal bewiesen, dass man nicht hilflos ist.

Extratipp: Meine RATGEBER „Japanisches Heilströmen" u. „Meridianklopfen"

Chronische Müdigkeit - Woher Energie nehmen, wenn sie weg ist?

Ganz Industriezweige beschäftigen sich mit dieser „Modekrankheit" und unzählige Medikamente sollen helfen. Dabei kann Selbsthilfe oftmals viel mehr ausrichten und das Schlimmste helfen zu vermeiden.

Ich weiß nur zu gut, wie das ist, wenn bleierne Müdigkeit alle die guten Vorsätze zunichtemacht, die man gerade in die Tat umsetzen wollte. Ich bin es durchaus gewöhnt, mich selbst zu beobachten und einzuschätzen, was getan werden muss, um Missbefinden aufzulösen. Aber manchmal wird man eben von unerklärlicher Mattigkeit völlig überholt und ist dann eher geneigt, sich der Lethargie hinzugeben, statt aktiv tätig zu werden. Und diese Mattigkeit wird dann dem Alter, der genetischen Veranlagung oder dem Wetter in die Schuhe geschoben.
Dabei ist es oft die eigene Unachtsamkeit, die dieses sogenannte „Chronische Müdigkeits-syndrom" hervorgerufen hat. Wenn es uns gut geht, werden wir schnell nachlässig und lassen die Vorbedingungen für Wohlbefinden gerne mal außer Acht. Da hilft dann nur, einen ehrlichen Kassensturz zu machen und nachzusehen, was der Änderung bedarf., Die Chronische Müdigkeit ist fast immer die Folge von unguten Essgewohnheiten, die sich unversehens wieder eingeschlichen haben, so wie auch der totale Bewegungsmangel.

Dies sind meine Empfehlungen:
- Kohlenhydrate nur einmal am Tag, wenig Tierische Nahrung, dafür viel Obst, Gemüse, Salat, gute Fette und Nüsse.   **Siehe Artikel**

Es ist erstaunlich, wie rasch sich Lust auf Unternehmungen und Leistung einstellen, wenn Ernährung basisch gestaltet wird u. Bewegung ins Leben kommt.

Extratipp: RATGEBER „Trennkost Geheimcode…" „ANTI-AGING z.Nulltarif"

Antriebsarmut/Multitasking? Die Wanne ist voll!

Lässt Lust auf Leistung im Alter nach? Können nicht mehr mehrere Aktivitäten auf einmal erledigt werden? Jawohl, alles darf heute etwas gemächlicher ablaufen, als das ehedem üblich war. Erstaunlicherweise führt das auch zum Ziel

Wie stolz war man doch, dass Multitasking auf uns zutraf. Funktionieren auf Zuruf war eine Selbstverständlichkeit. Da war man problemlos gleichzeitig auf allen Ebenen tätig. Und das soll nun Vergangenheit sein?
Klar, die Flexibilität lässt im Alter etwas nach. Auch die Reaktionsfähigkeit. Aber das brauchen wir keineswegs kampflos hinzunehmen. Da gilt es vielmehr, das gezielt zu trainieren, was noch möglich ist und uns darauf zu konzentrieren, welches die Eigenschaften sind, die verlorene Fähigkeiten ausgleichen können. Schließlich verfügen wir heute über einen großen Erfahrungsschatz und über viel mehr Geduld und gründlicheres Vorgehen als in den früheren Jahren.

Dies sind meine Empfehlungen:
1. Erledigen Sie *eine Aufgabe nach der anderen*. Wenn Sie viele Ziele gleichzeitig verfolgen, macht das unnötig nervös
2. Trainieren Sie Ihren *Gleichgewichtssinn* zur Steigerung geistiger Leistungen   **Siehe Artikel**
3. Nutzen Sie die Empfehlungen, die ich bei *Energieverlust* gegeben habe.
4. Lernen Sie das Meridianklopfen kennen, um dauerhaft in eine positive und *zuversichtliche Gemütslage* zu kommen.   **Siehe Artikel**
5. Achten Sie auf Ihre *Ernährung* (Übersäuerung*)*   **Siehe Artikel**

Es nützt nichts, Verlorenem nachzutrauern, es lohnt immer, Neues zu erobern!

Extratipp: Meine RATGEBER „Trennkost Geheimcode" „Keine Lust auf Sport"

Schlaflos

„Menschen, die immer und bei jeder Gelegenheit ihre Augen schließen und einfach schlafen können, werden von mir heftig beneidet.

Catharina Valente sang dereinst: „Die kleine Stadt will schlafen geht, die Lichter löschen aus …… mich flieht der Schlaf noch immer, ich finde keine Ruh!"

Ja, so geht es mir ebenfalls oft und dieses Leiden teile ich mit mir vielen schlaflosen Mitbürgern. Wie verzweifelt man sein kann, wenn der Schlaf sich nicht einstellen will, kann man ermessen, denkt man beispielsweise an das Schicksal von **Elvis Presley,** der seinen Drogenkonsum immer weiter steigern musste, nur um endlich doch noch ein wenig Schlaf zu erhaschen. Und auch **Michael Jackson** führte dem Vernehmen nach, einen vergeblichen Kampf, darum, wenigstens für wenige Stunden in Morpheus Arme sinken zu dürfen. Das aber war für ihn offensichtlich so unglaublich schwierig, dass er sogar einen Arzt engagiert hatte, der ihm Narkosemittel verabreichte. Wie tragisch so ein Pakt mit der Darkness enden kann, ist allgemein bekannt. Und auch **Prince**, so wird gemunkelt, war wohl in Drogen-Schlaftrance, als er überraschend nicht mehr aufwachte.
Diese drei prominenten Beispiele zeigen, wie verzweifelt Betroffene um das ringen, was ein gesunder Mensch geschenkt bekommen hat, den Schlaf nämlich. Die Gründe dafür, dass dieser ganz natürliche Schlafrhythmus, den wir so überlebensnotwendig brauchen, verloren gegangen ist, sind oft hausgemacht. Ich selbst habe in jungen Jahren Schicht gearbeitet, dann mehrere Jahre nachts. Als Selbständige dann war es dann das Arbeiten bis weit nach Mitternacht, das zum täglichen Arbeitspensum gehörte. Sonntags frei? Aber doch nicht für Unternehmer. Auch Urlaub gönnte man sich in den Erfolgsjahren kaum.

Und ich will ehrlich sein; Erfolg ist auch eine verführerische Droge.

„Man will immer weiter, höher" hinaus, und auch noch dies und das noch verwirklichen.

So ein rastloses Leben ist natürlich auch oft davon begleitet, dass man nachts, wenn man sowieso nur flüchtig schläft, von Gedanken und Überlegungen, nicht selten auch von Sorgen überholt wird. Aber in jungen Jahren steckt man solche kleinen Schwächeleien noch locker weg. Es fällt kaum auf, wenn die eine oder andere Nacht mal durchgrübelt wird und der Schaf insgesamt nicht mehr so tief und erholsam ausfällt. Aber auch bei den ersten Warnzeichen macht man sich noch nicht wirkliche Gedanken. Erst als mich *ein heftiges Burnout* heimsuchte, wurde, ich nachdenklich und wollte jetzt alles dafür tun, um meinem Körper, meinem Geist und auch meiner Seele wieder die natürlichen Funktionsmöglichkeiten zurückgeben, die ganz offensichtlich verloren gegangen waren.

Aber, so stellte sich heraus, so leicht war das nicht. Ich habe auf schmerzhafte Weise erfahren müssen, dass ein bisschen Einsicht nicht ausreicht, um die „Sünden der Vergangenheit" rasch wieder wettzumachen.
Mir ist es inzwischen mehr bewusstgeworden, dass alle Funktionssysteme zusammengehören, voneinander abhängig sind und eines das andere bedingt. Es war also allerhand Aufwand nötig, damit ich mich wieder gut fühlen kann, ein guter Schlaf gehört dazu.
Heute gehe ich sorgsamer mit mir um. Wenn ich mal leichtfertig „Sidesteps" mache, wird mir gleich die gelbe, oder gar die rote Karte gezeigt. Mein Körper „bestraft" mich dann gleich und zeigt mir, wo ich nachbessern muss. Ich habe verstanden, dass mein guter Schlaf von meiner gesamten Lebenshaltung abhängt, denn Schlaf ist noch immer keine Selbstverständlichkeit für mich.

Meistens gelingt mir heute eine gute Nacht. Aber – ich gebe zu, es ist noch immer Arbeit und sorgsame Aufmerksamkeit damit verbunden.

Dieses sind meine Empfehlungen:

1. Sorgen Sie für ein *gutes Bett* und ein dunkles Schlafzimmer
2. Bekannte und durchaus wirkungsvolle *Schlafhelfer* sind einige Tropfen Lavendelöl auf das Kopfkissen (Stimuliert Schlaf und Ruhe), einen großen Handschmeichler von Rosenquarz mit ins Bett nehmen (beruhigt ein aufgeregtes Herz), Baldrian- und Melissentee (entspannt)
3. Die schlimmsten *Schlafräuber* aber sind die Gedanken. Sie gilt es zur Ruhe zu bringen und die Nerven zu stärken. Schüsslersalze und Bachblütenessenzen sind für mich wichtige Begleiter, um *Gelassenheit* zu unterstützen.
4. Vertreiben Sie die Angst aus ihrem Leben. Sie ist es, die unmerklich alles überlagert. *Angst ist die Ursache von jedem Problem*. Wer angstfrei durch das Leben gehen kann, ist unbeschwert und kann im Hier und Heute leben, statt darüber nachzugrübeln, was passieren könnte, wenn … **Siehe Artikel**
5. Es ist sinnvoll, alle anstehenden Arbeiten und Aufgaben tatsächlich immer aktuell zu erledigen. *Aufschieberitis* führt dazu, dass sich Unerledigtes zu Tonnen auswächst, die schwer auf der Seele lasten.
6. Um gut einschlafen zu können, ist es wichtig, den *Tag wirklich loszulassen* und alle Schwierigkeiten und Sorgen des Tages auch dem Tag überlassen.
7. Es empfiehlt sich, jedem Tag seine *Struktur* zu geben. Wer sich jeden Tag zeitlich neu ausrichtet, lebt in einer steten „Hab-Acht-Stellung" die verhindert, dass der Erregungslevel sich immer wieder normalisieren kann.

Gerade, weil der Schlaf ein Thema ist, das auch meiner steten Aufmerksamkeit bedarf, habe ich, auch für Sie einige Meditations-Videos gemacht, die Sie bei YouTube kostenlos herunterladen können: „Ich schenk Dir Schlaf!"

Extratipp: Meine RATGEBER „Meridianklopfen", Schlaf-Videos bei YouTube

Kondition

Damit ist die körperliche Verfassung gemeint, die Leistungsfähigkeit, das Durchhaltevermögen und die Widerstandskraft anbetreffen.

Von der Kondition eines Menschen spricht man auch, wenn sein Körper, sein Geist und die Seele in der Lage sind, mit gesundheitlichen oder auch schicksalshaften Einbrüchen gut fertig zu werden. Das ist besonders wichtig, wenn im Alter die Kraft natürlicherweise gemindert ist. Schon wenige Minuten am Tage können viel ausrichten.

Um die Kondition zu erhalten, ist Training nötig. Und da können wir allerhand für uns selber tun. damit können wir nicht früh genug beginnen. Ich selber habe hautnah erlebt, wie wichtig eine gute Kondition dafür ist, eine schwere Krankheit zu überwinden. Meine Mutter beispielsweise ist nur 84 Jahre alt geworden, obwohl sie ganz gesund war. Ihre Blutwerte waren die eines jungen Menschen, Blutdruck top und die Zuckerwerte, wie auch die Cholesterinwerte, alles war absolut im grünen Bereich, also vortrefflich. Meine Mutter war sehr schlank, bis dünn. Dabei konnte sie essen so viel sie wollte. Und genau das tat sie auch. Dabei achtete Sie darauf, gesunde und nährstoffreiche Nahrung zu wählen. Allerdings hielt meine Mutter wenig von Körperertüchtigung. Seit ihrer Berentung als Lehrerin verbrachte sie ihre Zeit lesend und – rauchend. Genau diesem Hobby hatte sie lebenslang lang gefrönt. Und das sollte sich böse rächen. Im Alter erlitt sie eine Lungenentzündung und kurz danach einen Rückfall. Trotz intensiver Klinikbetreuung schafften ihre vorgeschädigten Lungen es nicht, die Entzündung zu überwinden. Dies, obwohl der Körper, die Organe, ansonsten durchaus in der Lage gewesen wäre, 100 Jahre alt zu werden.

Die Lungenkraft entspricht der Lebensenergie, ist praktisch die Energiezentrale des Menschen. Die Lunge ist, nach dem Herzen, unser wichtigstes Organ.

Dies sind meine Empfehlungen:

1. Die Lunge ist das ***Zentrum aller energetischen Aktivitäten***. Diese kann durch sportliches Training, wie Laufen, Treppensteigen, Fahrradfahren und auch Atemübungen gestärkt werden.
2. Frische Luft in Wald und Feld, besonders aber auch am Meer, versorgt mit Sauerstoff und regt den gesamten Kreislauf an. Besonders der Stadtmensch sollte jede Gelegenheit wahrnehmen, bewusst frische und von Umwelteinflüssen ***unbelastete Luft zu tanken***. Auch nach Regenwetter ist die frisch gewaschene Luft das reinste Lebenselixier.
3. ***Atemübungen***, können die Lungen weiten und den Sauerstoffaustausch anregen. Zu nennen wäre dafür beispielsweise das *Hatha-Joga*. Diese Atemtechnik ist mit der von Babys vergleichbar. Diese atmen in den Bauch und ziehen ihn beim Ausatmen wieder ein. Wir Zivilisationsmenschen machen es umgekehrt. Wir atmen ein und nehmen durch die sitzende Lebensweise dieser Atemluft gleichzeitig den Platz, sodass die Atmung nur flüchtig und flach ausfällt. **Siehe Artikel**
4. Sorgfältiges ***Einatmen*** versorgt den ganzen Körper mit einer Sauerstoffdusche. Ein ausführliches ***Abatmen***, befreit den Körper, aber auch die Seele von Giftstoffen und ermöglicht ungestörtes Wirken der Heilkräfte
5. Japanisches Heilströmen kann mit seinen Energiepunkten **3** und **19** die Bronchien und die ***Lungentätigkeit unterstützen***.
6. Mit jedem sorgsam geführten Atemzug wird die Lungenkraft gestärkt und der Kreislauf angeregt. Damit wächst auch die Kondition, also die ***Widerstandskraft***, die wir gesundheitlichen Einbrüchen entgegensetzen.
7.

Eine starke Lunge stellt allen Systemen Kraft und Energie zur Verfügung.

Extratipp: Meine RATGEBER „Keine Lust auf Sport!" „Meridianklopfen"

Mir" läuft die Galle über", es ist mir eine „Laus über die Leber" gelaufen.
Schon unsere Vorfahren wussten um die Zusammenhänge zwischen Organen
und Gemüt. In diesen Fall geht es seelisch bei diesen beiden Organen um
Ärger, Wut, Stress, um überschießende Emotionen.

Unsere Vorfahren wussten um das Zusammenspiel, von Körper, Geist und Seele.
Daraus erklärt sich, dass die wichtigste Voraussetzung für ein heiles Leben in
jeder Hinsicht ist, überschießende Gemütsbewegungen loszulassen. Dafür gilt es
immer erst einmal nachzuschauen, wo es in der Seele „hakt", welche Gedanken,
Sorgen, Aggressionen, Ärgernisse, Enttäuschungen, Zurückweisungen, Wut,
Eifersucht oder auch Ungerechtigkeiten das Leben schwermachen, Gemütsmüll
verursachen und als Gift wirken. Hier ist anzusetzen, damit der Weg freigemacht
wird, für das ungehinderte Fließen der Heilenergie in den Meridianverläufen.
Ohne zu ahnen, was wir damit ausdrücken, ist es auch der Mittelfinger, der sogenannte „Wutfinger", der gezückt wird, will jemand nonverbal seinen Unmut
ausdrücken und zeigen, was er von einem Kontrahenten hält.
Beim *Japanischen Heilströmen* entspricht der Mittelfinger Leber und Galle.
Besonders interessant ist auch, dass die Mittelfingerkuppe einen „Schockpunkt"
darstellt, der geklopft werden kann, um sich zu beruhigen, wenn man einen Unfall
erlitten hat, sich erschreckt hat, oder eine dramatische Nachricht erhält.
Aber nicht nur auf energetischem Wege sind Leber und Galle beeinflussbar.
Unsere Vorfahren wussten, wie wichtig es ist, ***Bitterstoffe*** aus der Nahrung zu
sich zu nehmen. Damals freute man sich über den bitteren Geschmack, der spezi-
fisch ist für viele Gemüsesorten. Heutzutage ist diese urgesunde Eigenschaft
sorgsam aus den meisten Gemüsesorten herausgezüchtet worden. Leider!

Die Stärkung von Leber und Galle wirkt positiv für Körper und Seele!

Dies sind meine Empfehlungen:

1. ***Löwenzahn*** bietet mit seinen Stielen im Frühjahr eine ideale Kur. Die Blätter eigenen sich als Beigabe zu Salaten, wie auch Gänseblümchen. Aus der ***Hausapotheke*** der Natur nutze ich folgende Gemüse und Tees an die Leber und Galle zuträglich sind und zu einer besseren Verstoffwechselung, Verdauungstätigkeit und Entgiftung beitragen: Artischocken, Salate mit Bitteranteil, Rucola mit Senfölen, , Chicoreé, Mariendistel als Tee.

2. Für die „***seelische Trainingsstrecke***" empfehle ich Ihnen das Selbsthilfe-MERIDIANKLOPFEN, welches Sie täglich anwenden können und mit dessen Hilfe Sie aufräumen können im Gemüt. Auf diese Weise können Sie sich losmachen von belastenden Erinnerungen, Traumata, destruktiven Glaubenssätzen und quälenden Erlebnissen. Das Beste daran ist, dass Sie die Anwendungen im Alltag, von Mitbürgern unbemerkt, durchführen können. Immer dann nämlich, wenn Ihnen ein Thema einfällt, um das Sie sich kümmern wollen. Dazu stelle ich Ihnen auch das Thymusklopfen und BSFF Be Set Free Fast vor. Crashkurs bei YouTube   **Siehe Artikel**

3. Aber auch ganz gezielt ist die ***Gesundheit von Galle und Leber*** zu beeinflussen. Schauen Sie dafür meine kleinen Videos, die Ihnen zeigen, wie einfach die Selbsthilfe mit dem ***Japanisches Heilströmen*** aussehen kann. Nur wenige Minuten am Tage können eine gute, eine stärkende und vitalisierende Wirkung haben. Auch dafür habe ich ein kleines Video für Sie gemacht, damit Sie ihre ersten Erfahrungen mit der Selbsthilfe machen können. Videos sind: Japanisches Heilströmen Crashkurs, Mittelstrom, Gallestrom. Leberstrom sind bei YouTube kostenlos herunterzuladen

Extratipp: Mein RATGEBER „Japanisches Heilströmen PRAXISBUCH"
Mein RATGEBER „Japanisches Heilströmen HAUSAPOTHEKE"
Mein RATGEBER „Trennkost – Geheimcode der Prominenz"

***Den Immunstatus kann man messen. Dieser ist nicht nur über die erforder-
lichen Nährstoffe zu stabilisieren, sondern auch von der Gemütslage abhängig.***

Es ist eine alte Weisheit, dass sich Verliebte nicht erkälten. Ihre Immunlage testet
stark, sie sind vor Keinem geschützt. Eine breit angelegte Studie bewies, dass es
sich hier nicht nur um eine bloße Volksweisheit geht, sondern um wissenschaftlich belegbare Fakten. Eine große Gruppe von Studenten wurden dafür psychi-
schem Stress ausgesetzt. Man zeigte ihnen Filme mit Gewaltszenen, mit Krieg
und Katastrophen. Statt mit Musik wurden sie mit grässlichen Geräuschen, mit
Lärm und Dissonanzen beschallt.
Ihr Immunsystem testete entsprechend schwach.
 Sie waren in dieser Zeit anfällig für Ansteckung durch Keime, Viren, Bakterien,
Pilzinfektionen.
Die gleiche Gruppe wurde zu einem anderen Zeitpunkt mit einer schönen und
harmonischen Umgebung verwöhnt. Man zeigte ihnen Filme mit schönen Land-
schaften mit Tieren, mit Blumen und glücklichen Menschen. Untermalt wurden
die Filme von lieblicher Musik und angenehmen Stimmen.
Die Immunmessungen ergaben eine positive Testung.
Das war für sie ein wirkungsvoller Schutz gegen Krankheitsübertragungen
Ein solches Ergebnis ist der Beweis dafür, dass die Stimmung, in der sich ein
Mensch befindet, eine entscheidende Rolle spielen kann für seine Keiman-
fälligkeit.
Aber auch Heilungsprozesse werden maßgeblich von der ***Heilgewissheit***
beeinflusst, die Patienten in der Lage sind, aufzubringen.

***Es ist also von entscheidender Bedeutung, ob die Funktionssysteme von Körper,
Geist und Seele auch positiven energetischen Einflüssen ausgesetzt sind.***

Dies sind meine Empfehlungen:

1. Sorgen Sie für Ihr *seelisches Gleichgewicht*. Krankheitskeime „lauern" auf Immunlücken, um gleich zuzuschlagen, wenn sich dafür eine Gelegenheit ergibt. Ein Beweis dafür ist beispielweise der Ausbruch einer *Gürtelrose*. Dafür nisten sich Windpockenviren in den Hirnnerven und Nervenenden des Rückenmarkes ein und können lebenslang erhalten bleiben. Dort warten sie regelrecht auf eine Gelegenheit, um als Gürtelrose für extrem schmerzhafte und juckende Symptome zu sorgen. Gegen dieses ekelhafte Jucken hilft *Beinwellsalbe*, und gegen die Rose nach meiner Erfahrung nur *„Besprechen"*. Lachen Sie nicht. Diese alte Methode des Besprechens gehört zu den energetischen Anwendungen, mit denen sich bereits unserer Vorfahren geholfen haben. Und es funktioniert!

2. Versorgen Sie Ihren Körper *reichlich mit Vitaminen und Mineralstoffen*. Diese bilden einen Schutzschild gegen die Krankheitskeime und gewährleisten, dass die eigene körperliche Abwehr gut funktioniert und die Eindringlinge eliminiert, bevor sie sich in ihrem unfreiwilligen „Wirt" häuslich niederlassen können. Besonders Vitamin C spielt eine große Rolle, wenn man gegen Erkältungs-Keime aufrüsten will.

3. Für mich ist meine *homöopathische Hausapotheke* unentbehrlich. Gleich wenn ich spüre, dass ungebetene Keime sich meiner bemächtigen wollen, also beim ersten Nieserchen oder kleinen Husten, greife ich gleich zu meinen Globulis. Dafür wähle ich *Arconitum* und *Dulcarama* bei Grippeverdacht, *Thuja* und *Bryonia*, gegen Husten. Was soll ich sagen, seit Jahren haben mich keine Grippalen Infekte mehr heimgesucht.

4. Die Selbsthilfemethode *Japanisches Heilströmen* hilft zudem dabei, dass Heilvorgänge gleich in den Krankheits-Anfängen lindernd eingreifen.

Extratipp: RATGEBER „Trennkost Geheimcode" Und „Heilströmen PRAXIS"

Herpes durch Ekel begünstigt?

Herpes-Viren liefern alltäglich den Beweis dafür, dass die negative Seelenlage den Ausbruch von Herpesausschlägen ermöglicht.

Man hat in den früheren Jahren immer davon gesprochen, dass Ekel-Empfindungen die unliebsamen Herpesbläschen hervorrufen würden. Das stimmt auch, wenn man diese Ursachen noch um die Empfindung von Ärger, Wut, Enttäuschung, Schreckerleben und anderen negativen Emotionen ergänzt. Betroffene haben es oft und oft erlebt, dass zu „allem Unglück" dann auch noch die bekannten Stellen an den Lippen oder am äußeren Mundraum beginnen zu blühen. Die Herpesviren, die normalerweise in den Ganglien (Nervenknoten) schlummern, werden aktiv, wenn sie eine Immunlücke erwischen, Diese entsteht, wenn durch Gefühlseinbrüche des menschlichen Wirtes, sein Immunsystem vorrübergehend lahm gelegt ist. Das passiert übrigens auch vermehrt im Sommer, denn die UV-Strahlen der Sonne verlangsamen die Immunaktivitäten, Eine ähnlich destabilisierende Wirkung haben auch Stress- und Streit-Situationen. Hier haben wir einen eindrücklichen Beweis für die Wichtigkeit der seelischen Stabilität.

Dies sind meine Empfehlungen:
1. Nachdem ich und auch die Betroffenen in meiner Umgebung mit allerhand Herpesmedikamenten hantiert haben, hat sich die laufende Behandlung mit *Honig*, gleich bei erstem unguten Kribbeln als besonders erfolgreich herausgestellt. Honig dafür laufend neu implizieren.
2. Begleitend lohnt sich der Einsatz von *Merdianklopfen* gegen das „Aufblühen" des Ausschlags und für seelische Gelassenheit

Extratipp: Mein RATGEBER „Meridianklopfen – Raus mit der Angst aus …!"

Gesundes und schnelles Abnehmen

Es gibt nicht den e i n e n Rat gegen die überzähligen Pfunde. Wohl aber Grundprinzipien, die dafür sorgen, dass weitere Pfunde fernbleiben.

Ich selbst habe, durch eigene Not, mich mehrere Jahrzehnte eingehend mit dem Thema Übergewicht und wie man ihm zuleibe rücken kann, beschäftigt. In diesem Sinn habe ich Deutschlands größte Ernährungsschule für Trennkost geleitet und in über 500 Städten Orten insgesamt 160.000 Seminarteilnehmern mithilfe von Ärzten, Heilpraktikern und Ernährungsberatern die *Garantie für lebenslange Schlankheit* bei Einhalten des Konzeptes gegeben. Diese Garantie gebe ich noch heute. Ich bin noch immer eine Anhängerin der Trennkostlehre. Denn in unserer Wohlstandsgesellschaft ist es so wichtig, dass wir maßhalten und unsere Ernährungsgewohnheiten auf einen einfachen Nenner bringen. Dafür habe ich meine Ernährungsbücher geschrieben.

Das sind meine Empfehlungen:
1. Ihre Nahrung sollte aus viel basenbildende Lebensmittel bestehen, wie Obst, Gemüse, Salat, dafür wenig tierische Produkte
2. Wählen Sie wertvolle Fette, Öle, Nüsse, Samen
3. Limitieren Sie konzentrierte Kohlenhydrate wie Zucker, Getreideprodukte
4. Versorgen Sie Ihren Körper mit den Nährstoffen, die er braucht, damit er seine „Gier" nicht auf „gesundheitsgefährdende Produkte" richtet

Auf einfache und durchaus „leckere Weise" kann das Thema Übergewicht seine Schrecken verlieren!

Extratipp: RATGEBER „TRENNKOST Geheimcode der Prominenz", „Gesunde
. Ernährung für Kinder" und „EssSucht – 8 einfache Regeln …"

Zähne und Mundraum

Ich kaufe schon lange keine Zahnpasta mehr. Vielmehr besteht meine Zahn- und Mundpflege seit vielen Jahren aus TEEBAUM-ÖL.

Seither leide ich weder an Zahnbelägen, noch an Karies oder entzündetem Zahnfleisch, oder Parodontose.
Eine ewig entzündete Tasche zwischen den Backenzähnen? Geschichte! Alles ist jetzt tipptopp!
Durch früher erlebten Nährstoffmangel (bin Kriegskind mit Hunger nach dem Krieg) waren meine Zähne schon immer eine Problemzone mit reichlich Kronen. Auch, das will ich zugeben, hat man die Zahnpflege früher nicht ganz ernst genommen und recht flüchtig ausgeführt. Dank Teebaumöl gehören nun heute Sorgen mit Zähnen oder dem Zahnfleische, der Vergangenheit an.
Teebaumöl ist ohnehin in meinem Haushalt längst unentbehrlich geworden. Es desinfiziert bei Abschürfungen, vertreibt Fliegen und Mücken, hilft gegen den Juckreiz von Insektenstichen und lässt diese schneller abschwellen.
Und - ein Tröpfchen Öl lässt manches Wärzchen auf der Haut verkümmern.

Dies sind meine Empfehlungen:

- Meine Zähne putze ich zunächst ausführlich mit klarem Wasser. Dann gebe ich auf die Zahnbürste einige Tropfen Teebaumöl und bürste damit Zähne und Zahnfleisch sorgfältig, immer vom Zahnfleisch weg, bis zu den Zahnspitzen. Danach den Mund nicht mehr spülen
  An den Geschmack gewöhnt man sich, ich mag ihn Inzwischen sogar.

Wer sich an den intensiven Geschmack des puren Teebaumöl nicht gewöhnen kann, gebe einige Tropfen davon in ein Wasserglas und spüle damit sorgfältig den Mundraum. Teebaumöl sollte ohnehin in jeder Hausapotheke vorkommen.

Homöopathie

Bei ernsten Erkrankungen sollten unbedingt kompetente TherapeutInnen, Heil-praktikerInnen, resp. ÄrztInnen zurate gezogen werden. Globolis & Co. eigenen sich nicht für Selbsthilfebehandlungen von Erkrankungen. Deshalb habe ich diese nicht bei meinen Empfehlungen angeführt. Für die Erste Hilfe jedoch halte ich sie für unentbehrlich.

M E I N Basis-Erstehilfe-Sortiment aus der Homöopathie

Arnica C 30	Bei Unfällen, Zusammenstößen, Stürzen
Arconitum C30	Gleich bei beginnenden Erkältungen
Bryonia C30	Bei Hustenreiz und Hustenanfällen
Thuja C30	Um abhusten zu können
Dulcamara C30	Erkältungen, Schnupfen, Grippe
Ferrum metallicum C30	Bei Mattigkeit, Antriebsunlust

Schüssler Salze:

Diese, ebenfalls sehr kostengünstige Methode empfiehlt sich auch für die *Eigenanwendung*, weil diese kleinen Schüsslertabletten eine sehr sanfte Einwirkung darstellen, die Mineralstoff-Defizite ausgleichen können und ihre Neubildung im Körper anregen.

Hier ist meine persönliche Schüsslersalz-Hausapotheke:

Calcium-fluoratum		Zur Stärkung von Bändern nnd Sehnen
4 Schüssler Salze lt. Internet		Waterloh-Kur bei grauem Stars
Magnesium Phosohoricum	**Schüssler 7**	Bei Schmerzen und Krämpfe
Magnesium Sulfuricum	**Schüssler 17**	Bei Bauchkrämpfen, Blähungen
Kalium Bromatum	**Schüssler 14**	Bei Unruhe, Schlaflosigkeit´´

Googeln Sie unbedenklich ihr Beschwerdebild und ermitteln Ihre hilfreichen Schüsslersalze!

Hinter den Vorhang geschaut ….

Nachfolgend habe ich für Sie einige erläuternde Artikel zusammengestellt, die ich teilweise bereits andernorts veröffentlicht habe.

Hier werden Sie manches AHA-Erlebnis haben, weil Sie Zusammenhänge in Ihrem Funktionssystem besser verstehen.
Lernen Sie sich besser kennen!
Und staunen Sie immer wieder über die einfache, dennoch geniale „Konstruktion MENSCH".

Bestimmen Sie Ihren eigenen Gesundheitsweg!

Die Funktion des Darmes mit seinem Immunsystem

Der Darm ist der wichtige Sitz für etwa 75 Prozent unsers Immunsystems.
„Der Tod liegt im Darm!"

Diese wichtige Metapher verdeutlicht sehr anschaulich, dass die Wurzeln vieler Erkrankungen in einem geschädigten Darm und seiner Flora zu finden sind.

Die Funktion des Darmes ist uns wohl in erster Linie in seiner Eigenschaft als Verdauungsorgan geläufig. Im Darm werden die Nahrungsbestandteile aufgespalten. Nährstoffe und Wasser kommen durch die Darmwand über die Lymph- und Blutwege in den Körper, respektive in die Leber zum weiteren Abbau und zur Entsorgung.
Dafür fungiert der Darm als Müllabfuhr für unverdaute Nahrungsreste und auch für Giftstoffe, die mit dem Stuhl ausgeschieden werden.

Der Darm vermag allerdings noch weitaus größere Leistungen zu vollbringen. Er ist nicht nur ein Verdauungs- und Ökosystem.

Die Darmflora stellt den größten Teil und somit einen wichtigen Faktor unseres gesamten Immunsystems dar.

Der Mensch und seine Mikroben existieren normalerweise in einer voneinander abhängigen Lebensgemeinschaft, die als „Symbiose" bezeichnet wird. Beide leben in einer Gemeinschaft, die von ausgeprägter existentieller Bedeutung ist. Der Mensch liefert den Mikroben Schutz, Nahrung und einen idealen Lebensraum. Diese erleichtern dafür die Verdauungsprozesse, liefern lebenswichtige Vitamine und andere Substanzen und unterstützten die Immunabwehr.

Allerdings sind die Mikroorganismen auf eine gesunde Darmschleimhaut angewiesen.

Der Dickdarm ist der wichtigste Angriffsort für Krankheitserreger (Antigene). Dabei stellt die Schleimhaut die mechanische Barriere dar, welche die Antigene abwehrt.

Einen entscheidenden Einfluss auf die Funktionsqualität und die Stabilität der Darmschleimhaut, hat die Ernährung.

Besonders eine ballaststoffreiche Kost, die reichlich Obst, Gemüse, Salat aber auch Getreide enthält, stimuliert die Darmschleimhaut. Sie wird dann besser durchblutet, die Peristaltik (Bewegungsmechanismus der Darm-Muskulatur) wird angeregt. Dadurch nimmt die Dicke der Darmwand und des Lymphgefäßsystems zu. Speisen können deshalb schneller verarbeitet werden.

Eine ballaststoffarme Ernährung aber ist gleichzeitig eine vitaminarme und mineralstoffarme Ernährung, die zu einer durchlässigen Schleimhaut führt.

Die Darmflora kann also auf verschiedene Weise Schaden nehmen.
Die körpereigene Abwehrleistung ist dadurch langfristig beeinträchtigt. Dies führt häufig zu chronischen Erkrankungen.

Das Immunsystem bedarf demnach unserer dringenden Aufmerksamkeit. man muss demnach besonders mittels sinnvoller Ernährung Sorge dafür tragen, dass den nützlichen Organismen in unserem Darm nicht die Existenzgrundlage genommen oder diese eingeschränkt wird.

Es sind vor allem die Ballaststoffe, mit denen wir den Darm versorgen müssen.

Dies sind meine Empfehlungen

1. Wie beschrieben, ist es also wichtig, reichlich Obst, Gemüse und Salat zu konsumieren.
2. Und nur das wirklich vollwertige Brot, gebacken aus dem vollen Korn, enthält die nötigen Ballaststoffe.
3. Brot sollte mit Sauerteig gebacken sein, weil dies viel bekömmlicher ist und die Nährstoffverwertung im Darm begünstigt
4. In tierischen Produkten fehlen Ballaststoffe ganz. Dafür haben pflanzliche Eiweißlieferanten, wie Sojabohnen, Sojafleisch, Soja-Hack, Soja-Schnetzel und Soja-Ragout besonders viele Ballaststoffe, Quell-und Faserstoffe.
5. Das Gleiche gilt auch für Kichererbsen, Mungbohnen und Azukibohnen. Diesen *Leguminosen*, als Verwandten der Sojabohne wird zugeschrieben, dass ihnen die ältesten aktiven Menschen der Welt ihre Vitalität und ihre Jugendlichkeit zu verdanken haben.
6. Auch die Eiweißbrötchen zum Selberbacken, mit ihrem hohen Anteil an Kleie, an Saaten und Nüssen, sowie dem Kichererbsenmehl sind ballaststoffreich und helfen dabei, die Darmgesundheit zu unterstützen.
7. Es ist wichtig, die Bauchmuskeln zu trainieren. Dies, um die Funktionen der Verdauungsorgane zu unterstützen, aber auch, damit nicht alleine die Wirbelsäule die schweren Bauchorgane tragen muss.
8. Heilströmen und Schüsslersalze können Verdauungtätigkeit unterstützen

Ergänzende Informationen finden Sie in meinen RATGEBERBÜCHERN:
„Anti-Aging-zum-Nulltarif"
„Trennkost – Geheimcode der Prominenz mit der Lizenz zum Schlemmen"
„Gesunde Ernährung für Kinder"
„Meridianklopfen – Raus mit der Angst aus Ihrem Leben"
Ergänzend finden Sie zu den Themen kostenlos Videos von mir bei YouTube!

Die Übersäuerung des Organismus ist Ursache vieler Krankheiten

Der heutige Mensch ist chronisch von der durch ihn selbst produzierten Säure in seiner Gesundheit bedroht.

Das Säure-Basen-Verhältnis im menschlichen Blut ist ausschlaggebend für das Wohlbefinden. „Ich bin sauer!" Ohne es zu wissen, geben wir damit Auskunft über die chemische Befindlichkeit in unserem Körper.

„Ich bin sauer!" - das ist tatsächlich wortwörtlich aufzufassen.

Der pH-Wert bezeichnet den sauren oder basischen Zustand einer Flüssigkeit. In der heutigen Medizin gilt es als bewiesen, dass zahlreiche „moderne Krankheiten" die direkte Folge der Übersäuerung in unserem Blut sind. Diese ist bei den meisten Menschen heutzutage die Regel. Die krankhafte Form der Übersäuerung heißt *Azidose,* die von Basen (selten) *Alkalose.*

Unser Blut, unsere Zellen, sollen einen pH-Wert von 7,38 bis 7,41 aufweisen. Die Stoffwechselvorgänge erfordern dieses leicht basische Milieu. Werte, die darunterliegen, zum Beispiel unter 7,35, sind Hinweis auf eine Übersäuerung.

Säuren oder Basen entstehen im Körper als Endprodukte des Stoffwechsels. Die Stoffwechsel-Gewebesäure lähmt die Gefäßmuskeln. Dadurch sinkt der Blutdruck vor den Kapillaren, den kleinsten Blutgefäßen, durch die das Blut gepumpt wird. Zudem versteifen sich in saurem Milieu die roten Blutkörperchen, die Erythrozyten. Diese sind als Träger von Sauerstoff, normalerweise leicht verformbar und „schlüpfen" mühelos durch Kapillaren, die einen geringeren Durchmesser haben als sie selbst. Die versteiften Erythrozyten gelangen jedoch nicht hindurch.

Bei Versteifung der roten Blutkörperchen, kann es zu einem „Stau" und somit zu einer Unterversorgung mit Sauerstoff kommen. Daraus erklärt sich, dass bei Übersäuerung, <u>Müdigkeit</u> und <u>Antriebsarmut</u>, die Folge sein kann.

Bei dem gesamten Vorgang, können außerdem die Wände der Kapillaren unter Versorgungsnot rau werden, aufquellen und großporig werden. Dadurch kann Blutwasser- und Eiweiß ins Gewebe ausfließen, woraus sich vielerlei gesundheitliche Probleme ergeben können. All dies führt zu einem immer saurer werdenden Organismus.

Dieser wehrt sich durch vermehrte Bildung von roten Blutkörperchen, um zusätzlich Sauerstoff aufzunehmen. Dies kann zur Zusammenballung der roten Blutkörperchen führen, mit der Folge des hohen Blutdrucks.

Vielfach wird von der Schulmedizin die Auffassung vertreten, dass der Säurezustand problemlos im gesunden Körper „abgepuffert" werden kann. Das ist so nicht richtig.

Tatsächlich herrscht nur <u>im großen Adersystem ein gleichbleibender pH-Wert</u>. Um den zu erreichen, muss die überflüssige Säure im Gewebeblut (in den Kapillaren) eingelagert werden, wo es zu der beschriebenen Säuresituation kommt.

Es kann nicht davon ausgegangen werden, dass alleine durch vollwertige Nahrung das Säuren-Basen-Gleichgewicht erhalten werden kann. Sie ist jedoch ist die wichtigste Maßnahme für einen gesunden Ablauf der Organfunktionen.

Um eine wirkungsvolle Gesundheits-Strategie entwickeln zu können, muss man sich vor Augen führen, wodurch Säuren im Organismus gebildet werden.
<u>Zuviel Säure im Körper verkürzt das Leben!</u>
Die Trennkost ist meinen Erfahrungen nach, der beste Weg aus dem Säurezustand des Körpers. Wer sich mit Trennkost nicht beschäftigen mag, achte zumindest auf reichlichen Verzehr von Gemüse, Salat und Obst

Hier sind meine besten Tipps gegen die Übersäuerung des Körpers:

- Reichlicher Verzehr **basenbildender Kost**, wie Obst, Gemüse, Salat, Soja.
- Tägliches Konsumieren von rohem Gemüse
- **Trinken** von reichlich klarem Wasser
- Verzehr von Nahrungsmitteln, die möglichst **wenig mit Umweltgiften** belastet sind. (Eigenanbau, Biobauer, Bioladen, Reformhaus).
- **Meiden von Stress** und Angstsituationen. Auch diese sind es, die Säurezustände im Körper begünstigen
- **Stabilisieren der Gemütslage** durch Übungen, wie Autogenes Training, Affirmation, Meditation, regelmäßiger Aufenthalt in möglichst unbelasteter Natur zur **Sauerstoffaufnahme.**
- Sorgfältiges **Abatmen** der Endprodukte des Stoffwechsels (Kohlendioxyde).
- Zusätzliche Einnahme von **Mineralstoffen** als Nahrungsergänzung. (Dies auch in homöopathischer Form, wie Schüsslersalze).
- Äußere Anwendungen mit **kaltem Wasser** (Duschen, Kneipp).
- Körperliche **Bewegung** (Gymnastik, Schwimmen, Fahrrad fahren, Yoga, vor allem aber Laufen und rasches Gehen).
- Belastung der **Muskeln** mit Schonung der Gelenke, durch zum Beispiel Gartenarbeit
- Gemäßigtes **Fitnesstraining**, Hanteltraining. Übungen mit leichten Gewichten
- Medikamenteneinnahme auf ihre zwingende Notwendigkeit überprüfen und ggf. **Naturheilmittel** wählen.
- Sorgen für eine ausgeglichene Gemütslage, z. B. auch durch Meridianklopfen, BSFF BeSet Free Fast, EMDR Rapid Eye Movement
- Loslassen von „bitteren" Gedanken, auch sie tragen zur Übersäuerung bei

Sagen Sie dem Sodbrennen für immer „TSCHÜSS!"

Mit der Trennkost verschwinden die Beschwerden meistens innerhalb weniger Tage und bleiben ganz weg, wenn Sie sich weiter trennköstlich ernähren.

Sie können das kaum glauben? Nun ich habe das in meinen Seminaren Hunderte von Malen erlebt.

Sodbrennen kennen die meisten Menschen. Für viele von ihnen ist eine quälende Erfahrung daraus geworden, die sich zum Teil chronisch manifestiert hat. Wie aber kann man diese lästigen Beschwerden loswerden?

Wenn man weiß, wie sie entstanden sind, ist das gar nicht schwer.

Wir wissen, dass für die Protein-Vorverdauung im Magen Salzsäure gebildet wird. Um diesen chemischen Prozess zu bewerkstelligen, nehmen die Belegzellen des Magens eine bestimmte Substanz aus dem Blut.

Es entsteht Salzsäure. Diese wird ins Innere des Magens entlassen. Das ebenfalls anfallende „Abfallprodukt" ist eine Base (Lauge).

Sie wird über den Blutweg abtransportiert und damit es dort keine Basenflut gibt, zu den basenbildenden Organen geschleust.

Diese sind die Leber, Gallenblase, Bauchspeicheldrüse, Dünndarmdrüsen.

So weit, so gut. Man versteht ja noch, dass bei diesem Vorgang eventuell zu viel Salzsäure bei der Protein-Vorverdauung produziert wird und diese dann das Sodbrennen verursacht.

Wie aber kann es kommen, dass besonders dann Sodbrennen die Folge ist, wenn zum Beispiel Brot gegessen wird?
Dafür wird doch gar keine Säure benötigt, also wird sie doch auch nicht produziert? Oder?

Die Erklärung ist ganz einfach:
wenn der Verdauungstrakt die für die Kohlenhydrate notwendigen Basen zur Verdauung im Dünndarmbereich benötigt, findet der oben beschriebene Vorgang umgekehrt statt.
Die Basen werden also ebenfalls in den Belegzellen des Magens hergestellt. Nur - dann ist das „Abfallprodukt" die Salzsäure.

Da in der Regel zu viel von den Nahrungsmitteln konsumiert wird, die der Basen-Vor-verdauung bedürfen, fällt als Nebenprodukt natürlich eine viel zu große Menge von Magensäure an, die niemand benötigt (!!!).

Und diese steigt u. U. die Speiseröhre hoch, was zu Verätzungen und chronischen Beschwerden führen kann.
Wir bemerken das als unangenehmes Sodbrennen.
Der Vorgang scheint Ihnen zu kompliziert? Lesen Sie es einfach noch einmal!

Wenig Tierisches und weniger konzentrierte Kohlenhydrate gegen Sodbrennen.

Sojabohnen und Sojaprodukte sind d i e Lösung. Ein morgendlicher Drink aus Sojamilch mit frischen, im Mixer zerkleinerten Früchten schmeckt einfach herrlich, ist ein idealer Kraftdrink und wirkt gegen Übersäuerung, somit gegen Sodbrennen. Das Gleiche gilt für Gerichte aus Sojafleisch, dem Fleisch vom Felde, das basenbildend wirkt im Gegensatz zu Fleisch und Wurst, die starke Säurebildner sind. Zu Sojaprodukten werden zudem ganz bewusst üppig Obst, Gemüse und Salate, die reichlich basenbildend wirken, konsumiert.

Weitere Erläuterungen finden Sie in meinen RATGBERN:
„TRENNKOST – Geheimcode der Prominenz mit der Lizenz zum Schlemmen"
„EssSucht- 8 einfache Regeln für eine suchtfreie Zukunft"

Altersdiabetes und sein Bezug zu Zucker

Der Diabetes, uns allen bekannt als Zuckerkrankheit, hat sich zu einer bedrohlichen Zeitkrankheit entwickelt hat.

In den früheren Jahren war diese Krankheit nahezu ausschließlich auf den *Typ I-Diabetes* beschränkt, der sich bereits im jugendlichen Alter, zumeist bis zum 12. Lebensjahr, entwickelt.
Typ II-Diabetes (Altersdiabetes) hingegen war früher gelegentlich eine Erkrankung der alten Menschen, dies auch nur gelegentlich.

Diese Form des Diabetes vom Typ II ziehen sich die Betroffenen in der Regel im Laufe ihres Lebens allmählich zu.
Hierbei handelt es sich heutzutage in allererster Linie um eine Wohlstandskrankheit, bei deren Entstehung die Überernährung und Fehlernährung eine große Rolle spielen.

Durch unsere heutigen Lebens- und Ernährungsgewohnheiten können nun die meisten Bürger hierzulande damit rechnen, an Altersdiabetes zu erkranken. Und dies in immer jüngeren Jahren.

Die Folgen und die Spätfolgen des Diabetes:
Die Folgen resultieren aus den dauerhaft erhöhten Blutzuckerwerten und der damit verbundenen mehr oder weniger schweren Stoffwechselstörung. Daraus ergeben sich mit großer Wahrscheinlichkeit nicht wiedergutzumachende Schäden an den kleinen und großen Gefäßen des Körpers. Erblindung, Ausfall der Nierenfunktion, sklerotische Veränderungen, die den Herzinfarkt begünstigen, Schlaganfälle, Verschlusskrankheiten, Durchblutungsstörungen, Raucherbein, Schädigung der Nervenleitbahnen, sind das traurige Ergebnis.

Der wichtigste Rat, den man Diabetikern geben kann:
Grundsätzlich muss es zu einer Umkehr der Ess- und Lebensgewohnheiten kommen. Zwar sind sich Wissenschaftler noch immer uneins darüber, wie genau es zur Entstehung des Diabetes kommt.

Offensichtlich jedoch ist, dass entsprechende, diätetische Maßnahmen, echte Hilfe bieten können.

Dies lässt meiner Auffassung nach den Umkehrschluss zu, dass das Vermeiden von Ernährungsfehlern dafür sorgt, dass es erst gar nicht zu einem Diabetes kommt und das hier der Therapieansatz zu finden ist.
Eine Rückschau auf die Ernährungsweisen unserer Vorfahren bestätigt uns darin. Damals war der „sogenannte „Altersdiabetes" nahezu unbekannt.

Auch ein Blick in die Essenstöpfe anderer Länder, lässt ahnen, dass es wohl in erster Linie an unseren speziellen Essgewohnheiten liegen muss, dass dieses schlimme Leiden sich besonders in unseren Regionen regelrecht als Modekrankheit manifestieren konnte.

Erstaunlich ist es deshalb, dass Ernährungsrichtlinien, die an die Bevölkerung von entsprechend konzessionierten Institutionen gegeben werden, solche Schlussfolgerungen, die aus Erfahrungen resultieren, wenig berücksichtigen.

Die Erfahrungswerte und die Erkenntnisse des „gesunden Menschenverstandes" werden bei den Empfehlungen zur Vorbeugung weitgehend außer Acht gelassen. Die Wachsamkeit sollte also nicht erst dann beginnen, wenn bereits eine Insulinpflicht besteht.

Erhöhte Blutzuckerwerte sind bereits ein ernst zu nehmendes Warnsignal.

Aber, besonders in den ersten Anfängen, auch dann, wenn schon Medikamente genommen werden müssen, lässt sich meistens eine rasche Besserung erzielen, wenn die Ernährung konsequent umgestellt wird.

Ich will hier nicht auf die Notwendigkeit der Diätzusammenstellung nach Broteinheiten eingehen, die individuell mit den behandelnden Ärzten ausgearbeitet werden muss.

Hier geht es vorrangig um Vermeidung, respektive um Senkung der erhöhten Zuckerwerte, die man noch nicht als Diabetes bezeichnen kann.

Die *Klinik Dr. Walb* in Homberg an der Ohm, blickt allerdings auf unzählige Krankengeschichten von Diabetikern zurück, für deren Gesundung die Ernährungsumstellung nach der Trennkost eine hervorragende Rolle gespielt hat.

Eigene Verantwortung und ärztliche Vorgaben:

Bei allen guten Erfahrungen, die jeder Betroffene für sich selbst machen sollte, ist unbedingt die ärztliche Aufsicht erforderlich. Ernährungsberater können nicht die Verantwortung tragen für Folgen, die mit jedem individuellen Krankheitsbild verbunden sind.

Vorbeugend allerdings, können auch (in jedem Fall) Gesunde profitieren. Bei vernünftiger Ernährungsweise, mitsamt einer maßvollen Körperertüchtigung, muss es zu solch einer, die Gesundheit dauerhaft schädigenden Stoffwechselstörung, wie es der Diabetes darstellt, gar nicht erst kommen.

Zucker in jeder Form spielt jedenfalls bei der Entwicklung eines Diabetes die Hauptrolle.

Zucker als Schlappmacher:

Zucker wird auch als Vitaminräuber bezeichnet. Zu seiner Verarbeitung im Körper benötigt er insbesondere das Vitamin B, das in der kompletten, zuckerhaltigen Pflanze als Begleitstoff vorkommt und beim Raffinationsprozess verloren geht, aber ein wichtiges Nervenvitamin darstellt. Isolierter Zucker selbst ist ein völlig „leeres" Nahrungsmittel, das keine Nährstoffe mehr enthält.

Viele Mangelerscheinungen werden durch zu hohen Zuckerkonsum hervorgerufen:
Nervosität und Gereiztheit durch Fehlen des Nerven-Vitamins B, das als Begleitstoff in der ganzen Pflanze vorhanden wäre.
Verarmung an weiteren Vitaminen, wie B, Niacin, Pantothensäure, Vitamin C und Mineralstoffen, die vom Körper zur Zuckerverwertung „geraubt" werden. Dadurch entsteht ein übersteigerter *Enzymbedarf.*
Harnsäureerhöhung durch die mit Zucker verbundene Säurebildung.
Schädigung der Darmflora und damit der Abwehrkräfte, dadurch Anfälligkeit für Infektionen. *Leistungsschwäche*, Gasbildung, Gärung, Fäulnis.
Zahn- und Skelettschäden durch Mineralienentzug. Verträglichkeit anderer Nahrungsmittel wird beeinträchtigt, zum Beispiel von Rohkost und auch Vollkorn. Zucker fördert *Pilzwachstum*, bildet einen idealen Nährstoffboden, zum Beispiel für *Candida albicans* (gefürchteter Pilz).

Zucker ist ein starkes Stoffwechselgift:
Versteckte Zucker sind besonders zu beachten in: Limonaden, Cola, Tomatenketchup, Kindertees, „Kindersüßigkeiten", Gebäck und diversen Brotzubereitungen, Fertiggerichten, Fischkonserven, Instantgetränken, zum Beispiel Kakaogetränken, Joghurt- und Milch-Fertigprodukten.

Tiefgreifende Stoffwechselstörungen: Sie sind die Folge von Vitalstoffmangel, Enzymschäden, Entmineralisierung (Brüchigwerden von Knochen und Gefäßen). Als Krankheitsbilder finden wir Degeneration von Muskulatur- und Knochensystem, Zahnverfall, Arthrosen, Bandscheibenschäden, frühes Altern, veränderte Blutwerte: pH-Wert, Harnsäurewert, Blutzuckerspiegel, Cholesterinwerte u. a.. Es kommt zu Verschleißkrankheiten, die es bei richtiger Ernährung nicht gibt.

Sogenannte Alterskrankheiten entstehen deshalb meistens erst im Alter, weil der Körper Ernährungsfehler lange Zeit (oft Jahrzehnte) zu kompensieren vermag.

Der Altersdiabetes ist ein eindrucksvolles Beispiel gerade als Folge des heute üblichen, exorbitanten Kohlenhydratkonsums, ohne dass dieser in Muskeln umgewandelt werden kann.

Die eigentliche Degeneration findet in den späteren Generationen statt. Deshalb sollten sich junge Eltern ihrer Verantwortung für die Gesundheit ihres geplanten Nachwuchses bewusst sein. Diese nämlich liegt in allererster Linie in ihrer Hand. Auch Essgewohnheiten können nämlich in die DNA übernommen werden.

Nicht ausreichend vitales Körpergewebe wird von Mikroorganismen als minderwertig erkannt. Bei gleichzeitiger, damit oftmals einhergehender Immunschwäche, können sich Hefe- und Schimmelpilze darin unkontrolliert ausbreiten.

Um die Energie der Kohlenhydrate nutzbar zu machen, muss der Körper ausreichend über Vitalstoffe verfügen, wie sie in den vollwertigen Nahrungsmitteln, mitgeliefert werden.

Zumindest muss für ausreichende Zufuhr durch frische, ungekochte oder schonend gegarte, nicht-ausgelaugte Gemüse und Früchte gesorgt werden.

Ist man sich der Folgen des reichlichen Zuckerkonsums für die Volksgesundheit bewusst, stellt sich automatisch die Frage, ob es nicht ratsam wäre, ganz auf die „süßen Verführer", ganz zu verzichten.
Aber auch in dieser Hinsicht ist wohl eher der Kurs der Mäßigung eher ratsam und nicht der völlige Verzicht, denn die Fantasie und somit auch der Appetit richtet sich gerne auf die „verbotenen" Nahrungsmittel

Ein ansonsten gesund ernährter Mensch kann sich gelegentlich durchaus einmal ein bis zwei Stückchen Kuchen, ein Eis oder ein wenig Schokolade gönnen. <u>Ein wenig!</u> Nicht eine ganze Tafel! Und auch nicht immerzu!

Ich weiß nur zu gut, wie unsere Psyche darauf reagiert, wenn wir uns alle liebgewordenen Genüsse ganz versagen. Die Phantasie rankt sich dann besonders um die Nahrung, die mit dem Verbotsschild versehen ist.
 Dann kann es leicht passieren, dass der ohnehin essgestörte Mensch, erst recht ohne Maß „zuschlägt" und unkontrolliert in sich hineinstopft, was er sich doch gerade grundsätzlich verbieten wollte. So wird in der Regel das Gegenteil von den guten Vorsätzen erreicht.

Es sollte stattdessen sorgsam darauf geachtet werden, dass tatsächlich genügend Obst, Gemüse und Salat, sowie einige Vollkornprodukte und hochwertiges Protein verzehrt werden.

<u>Die Zusammensetzung der Nahrung sollte unter Berücksichtigung des *Yin und Yang Prinzips* erfolgen.</u>

Fakt ist, dass der ausgeglichen ernährte Mensch, der mit allen erforderlichen Nährstoffen versorgt ist, kaum ein ausuferndes Essverlangen kennt.
Es geht ja bei einem *Sucht*verhalten immer um das Bestreben des Körpers, Defizite auszugleichen. Diese werden dann leider oft „gesucht", wo sie nicht zu finden sind und dann wird unmäßig „zugeschlagen. Die SUCHT ist eingeleitet

Genauere Erläuterung der Zuckersucht in meinem RATGEBERN:
„EssSucht - 8 einfache Regeln für eine suchtfreie Zukunft"
„Gesunde Ernährung für Kinder"
Meine Videos kostenlos bei Youtube herunterzuladen: Trennkost, Geheimcode…

Mineralwasser - mehr als ein Durstlöscher

Sie sind nicht krank, Sie sind durstig!

Diese provokante These wird dem iranischen Arzt, Dr. Batmanglidj inzwischen von der Wissenschaftswelt vielfach bestätigt. Jeder von uns weiß längst, dass es dringend erforderlich ist, genügend zu trinken. Wieviel aber ist genügend? Und was soll man denn eigentlich bevorzugt trinken, um den Erfordernissen des Körpers gerecht zu werden?

Ernährungsexperten gehen davon aus, dass <u>mindestens</u> 1,5 Liter pro Tag getrunken werden sollte.

Dies zusätzlich zu der Flüssigkeit in Speisen, Kaffee und Alkohol. Das ist wichtig, damit das Wasser, welches der Körper durch Schwitzen, Urin oder das Atmen, verliert, wieder ersetzt wird.
Ausreichend Wasser im Körper unterstützt die Viskosität (Fließfähigkeit) des Blutes und sorgt für zusätzliche Entgiftung durch bessere Nierenfiltration.
Nur bei genügendem Wasservorrat funktioniert der Elektrolythaushalt im Körper ausreichend, der für die vitalen Vorgänge im Körper zuständig ist und das Säuren-Basen-Gleichgewicht reguliert. Die wichtigsten Elektrolyte sind Kalium, Magnesium, Natrium, Calcium, Phosphor und Chlorid,
Hier erklärt sich auch die wichtige Funktion, die *Schüsslersalze* für eine gute Mineralstoffbilanz haben können.
Eigentlich ist die Körperwasserbilanz über den Durst zu regeln. Leider ist vielen Menschen das nötige Durstgefühl genauso, wie das wirkliche Hunger- oder Sättigungsgefühl, abhandengekommen.
Auch diesen Verlust verdanken wir dem Überangebot an Genussmitteln, wozu auch Getränke gehören.

Mineralwasser bietet sich als Durstlöscher, aber auch als zusätzlicher Mineral-stoff-Lieferant an, wenn darauf geachtet wird, welches Mineralwasser für die Familie gewählt wird.

Bei wertvollen Mineralwassern ergibt sich eine günstige Beeinflussung der basischen Konditionierung an, da grundsätzlich von einem Mineraldefizit bei der Zusammenstellung der täglichen Nahrung ausgegangen werden muss. Auch dann, wenn sie vollwertig und möglichst unbelastet gestaltet ist.

Was ist eigentlich ein Mineralwasser?

Wie unterscheidet man ein reiches, kostbares, von einem leeren, minderwertigen Mineralwasser? Dem Vernehmen nach, soll es in Deutschland etwa 400 (!) verschiedene Mineralwasser geben. Davon gleicht keines, dem anderen. Auf den Etiketten ist der einmalige Charakter (die Zusammensetzung) jedes Wassers abzulesen. Diese unterscheiden sich in drei Haupttypen:

- Ein *stilles Wasser*, das reichlich von den Mineralien enthalten soll, bei denen eine Unterversorgung zu befürchten ist (Etikettangaben)
- Ein *Hydrogencarbonatwasser* ist zu bevorzugen, wegen seiner günstigen Beeinflussungsmöglichkeit bei Übersäuerung.
- Eher zu meiden sind *Chloridwasser*, da meist ohnehin schon eine Überversorgung durch Kochsalz (Natriumchlorid) besteht.

Schadstoffbelastung bezieht sich auf folgende Kriterien: maximal 25 mg/l Nitrat, 150 mg/l Natrium, 0,04 mg/l Arsen, 0,04 mg/l Quecksilber. Die Analysewerte kann man bei der jeweiligen Brunnenverwaltung erfragen

Für das wertvollste Gut des Menschen, nämlich seine Gesundheit, sollte auch die Auswahl des richtigen Wassers wichtiges Anliegen sein. Nur so kann Mine-ralwasser seine Funktion als Heilwasser ausreichend erfüllen.

Gesundes und schnelles Abnehmen

Ich empfehle grundsäzlich und aus Überzeugung die TRENNKOST für gesundes Abnehmen.

Sie können praktisch schon ab morgen danach leben. Ich habe hier auf umständliche, wissenschaftliche Erklärungsversuche verzichtet und beschränke mich in meinen Erläuterungen auf das Wesentliche und Praktische.

Ich will zugeben, dass es in Sachen Ernährung nicht allzu viele „Nachweise und Beweise" gibt. Veröffentlichungen und Studien widersprechen einander derart, dass in diesem Fall eher Thesen und Meinungen wiedergegeben werden können. Von wissenschaftlicher Beweisführung kann also zumeist nicht die Rede sein.

Ich selbst habe vieljährige <u>Erfahrungen</u> mit unzähligen Anwendern gemacht und stelle dieses Erfahrungswissen vor. Probieren Sie die TRENNKOST aus und treffen Sie dann Ihre Entscheidungen für oder gegen diese Ernährungsweise. Damit Sie das Funktionsprinzip der Trennkost verstehen, habe ich für Sie ein kleines Video gemacht, das Sie sich kostenlos bei YouTube herunterladen können.

Ich will Ihnen in meinen Ausführungen darin beweisen, dass die Trennkost den Verdauungstrakt entlastet und dadurch den gesamten Stoffwechsel beschleunigt und somit aktiviert: TRENNKOST BENÖTIGT nur etwa 12-17 Stunden Verdauungsweg statt über 70 Stunden, wie für die Mischkost nötig sind.

Mit welchen Erfolgen Sie während der Gewichtsreduktion rechnen können?

Für diese Zeit rate ich TeilnehmerInnen des ihr Tagesprogramm mit den von mir vorgeschlagenen ca. 1100 kcal. pro Tag zu bestreiten.

Denn Wunder gibt es auch bei meinem Trennkost-Konzept nicht. Dennoch werden Sie das *Wunder* erleben, dass Sie kaum Hunger verspüren und tatsächlich so zügig abnehmen können, wie man es sonst nur bei totalem Essensentzug kennt. Diesmal aber ganz ohne Kräfteverlust und, bei guter Laune und bester Gesundheit.

Ja, Sie werden sich spätestens nach einigen Wochen so wohl fühlen, wie schon lange nicht mehr. Putzmunter!

Und wie sieht es nun mit der Schlankheit für immer aus?

Wer heute mit den Pfunden kämpft, muss sich im Klaren darüber sein, dass er ein Leben lang auf sein Gewicht achten muss. Das braucht im Rahmen der Trennkost beileibe nicht mit Verzicht verbunden zu sein. Zunehmen hingegen kann man im Rahmen der Trennkost nur dann, wenn man *Fett* und *konzentrierte Kohlenhydrate* (Zucker, Getreideprodukte, Kartoffeln), über das empfohlene Maß hinaus, zu sich nimmt.

Beide Nahrungsgruppen müssen __*für immer l i m i t i e r t*__ *bleiben! Nur so ist tatsächlich ein Erfolg für immer gewährleistet und untermauert damit gleichzeitig der Gesundheit.*

Wenn dazu noch die *yangwertigen* Nahrungsmittel einen wichtigeren Stellenwert im Speiseplan erhalten, dann kommt es erfahrungsgemäß auch nicht mehr zu EssSucht, den so gefürchteten „Fressattacken", die in der Vergangenheit totsicher zur Gewichtszunahme geführt haben.

Nur ein wenig Umdenken ist also erforderlich, ein Neuordnen der angestammten Gewohnheiten. Es geht dabei ja nicht um Hunger und Verzicht.

Ausführliche erläutere ich die Trennkost und Yin-Yang in meinen beiden RATGEBERN „Trennkost – Geheimcode der Prominenz" sowie „EssSucht – nur 8 Schritte…", sowie in kostenlosen Videos bei YouTube

Die Cranio-Sacral-Therapie

Die CranioSacral-Therapie ist eine ganzheitliche Methode, die langfristig und anhaltend Anspannungen und Fehlstellungen im Bewegungsapparat korrigiert.

Die geschulten Hände des CranioSacral-Therapeuten und Therapeutinnen können diese Fehlstellungen und Spannungen an Schädelknochen, Wirbelsäule und Kreuzbein ertasten und durch sanfte Manipulation lösen.

Ich betrachte es als eine wichtige Aufgabe, meine Leser mit Heilmethoden bekannt zu machen, die neben den Anwendungen der Schulmedizin gute Ergebnisse für die Gesundheit versprechen, oder gar Alternativen dazu darstellen. Die CranoSacral-Therapie ist eine solche Methode, über die ich nicht aufhören will, begeistert zu berichten.

In unserem Land klagten immer mehr Menschen über Rückenschmerzen, Halswirbelsyndrom und Hexenschuss. Eine meiner ehemaligen Mitarbeiterinnen ließ sich sogar zweimal wegen ihres Bandscheibenvorfalls operieren. An Besserung oder gar Heilung ist bis heute nicht zu denken.

Auch ich selbst leide seit Jahren an einem Halswirbelsäulen-Syndrom, das mir gelegentlich, wenn es akut auftrat, ziemlich zu schaffen machte. Ich hatte dann tagelang Kopfschmerzen und der Kopf ließ sich nicht drehen. Die Ursache dafür leuchtet mir heute ein. Durch meine schreibende Arbeitsweise halte ich meinen Kopf permanent gesenkt und überdehne dabei die Halswirbelsäule. Das *Japanische Heilströmen*, das ich sonst bei steifem Hals erfolgreich anwende, griff hier nicht.

Diese eigenen Erfahrungen und auch die Beobachtungen der Beschwerden meiner Mitmenschen schärften meine Aufmerksamkeit diesem Thema gegenüber.

So hörte ich auch genau hin, als meine Schwiegertochter mir vor etlichen Jahren erzählte, sie hätte eine einzige Sitzung bei einer Cranio-Sacral-Therapeutin absolviert und sei danach für zwei Monate beschwerdefrei geblieben.

Auch sie hatte vorher zunehmend über Hals-Nacken-Probleme geklagt.
Da ich öfter in Berlin bin, ließ ich mir sogleich Termine für Behandlungen bei besagter Therapeutin vermitteln. Davon habe ich dann vier Sitzungen absolviert.

Seit den ersten zwei Sitzungen schon konnte ich meinen Kopf drehen, ohne das Gefühl zu haben, dass sich Wirbel verkanten

Und nach weiteren Sitzungen, war der Spuk gänzlich vorbei. Nicht einmal mehr seither vermiesten mir die besagten Kopfschmerzen die Arbeitslaune.
Es versteht sich, dass ich von meiner Therapeutin wissen wollte, wie die Methode genau funktioniert, was bei der Behandlung passiert und bei welchen Krankheitsbildern sie eingesetzt werden kann.
Ich bat sie auch, mir Fälle aus ihrem Patientenkreis zu beschreiben, in denen sie besonders in Bezug auf den Bewegungsapparat Hilfe leisten konnte.

Patientenerfahrungen von Heilpraktikerin Anja Wanner-Moritz, Berlin

Anhaltende Spannungskopfschmerzen
Eine Patientin hatte schon alle möglichen Therapien versucht. Medikamente, aber auch Gymnastik halfen nur kurzfristig oder gar nicht. Nach fünf CranioSacral-Behandlungen hat sie heute keine Beschwerden mehr.
Die Ursache für ihre Kopfschmerzen war offenbar ein Sturz auf das Steißbein vor vielen Jahren. Sie hatte dem keine besondere Bedeutung beigemessen. Das Steißbein aber hatte sich etwas nach innen verschoben und erzeugte damit – gleich einem Gummizug – eine Spannung entlang der Wirbelsäule über das Membransystem (Duralschlauch) zu den Schädelknochen. Durch diesen Zug auf die Schädelknochen und die Hirnhäute entstand der anhaltende Spannungskopf-

schmerz. Durch die Cranio-Sacral-Methoden konnten die Blockierungen des Steißbeins und daraus resultierende Spannung vollständig aufgelöst werden.

Bandscheibenvorfall

Ein Patient kam in die Praxis, weil er große Angst vor der anstehenden OP hatte. Er wollte die Cranio-Sacral-Therapie als allerletzte Chance versuchen, bevor er sich unter das Messer des Chirurgen begab. In so einem Fall kann der/die Therapeut/in oftmals helfen, indem das gesamte Membransystem entspannt wird. Die Fehlstellungen der Wirbel werden dann über eine Korrektur der Schädelknochen und des Kreuzbeins so korrigiert, dass sich die Bänder und Muskel der Wirbelsäule entlang entspannen und die Bandscheibe sich in die richtige Position zurückbewegen kann. Man muss sich die Ursache für einen Bandscheibenvorfall so vorstellen: Die Wirbel werden von festen Bändern und Muskeln gehalten. Bei körperlicher Fehlbelastung kommt es zu einseitigen Verkrampfungen und Wirbel „flutschen" aus der Gegenseite heraus. Wichtig ist – in so einem akuten Fall, dass langfristig ein behutsamer Muskelaufbau nur unter fachlicher Aufsicht stattfindet.

Nackenverspannung durch Stress

Durch alltägliche, emotionale oder berufliche Belastungen kommt es zu Anspannungen der Muskeln und des Membransystems, besonders im Nackenbereich. Dadurch entsteht ein Druck auf die Nervenwurzeln, was Schmerzen und Spannungen verursacht. In dem jetzt einsetzenden Kreislauf aus Ursache und Wirkung, die wieder zur Ursache wird, verschlimmern sich die Symptome.

Durch das Lösen der Verkrampfungen und Korrektur der Knochen von Schädel und Becken lässt sich dieses Beschwerdebild zumeist kurzfristig aufheben.

Wie genau funktioniert die Methode?

Der Schädel, die Wirbelsäule und das Kreuzbein sind ein System, verbunden über das *Membransystem, bestehend aus den Hirnhäuten, dem Duralschlauch, der das Rückenmark umgibt*.

Gibt es innerhalb dieses cranioSacralen Systems Fehlstellungen und Spannungen, hat das Auswirkungen auf den gesamten Bewegungsapparat. Hat z.B. ein Lendenwirbel eine Fehlstellung oder ist blockiert, so wirkt sich das bis in den Schädel aus, z.B. in Form von Spannungskopfschmerz, Tinnitus oder Halswirbelsäulenproblemen. Umgekehrt können Blockaden der Halswirbelsäule oder Kieferfehlstellungen Schmerzen im unteren Rücken auslösen – bis hin zu Beckenschiefstand. Oft lösen sich auch Ischiasprobleme prompt, nachdem der erste Halswirbel deblockiert wurde und somit die Spannung aus dem Duralschlauch, der wie ein Gummiband wirkt, herausgenommen wird.

Oft kommen alte, längst vergessene Traumen wie Schleudertraumen, Stürze usw. an den Tag und man kann plötzlich einen Zusammenhang zwischen alten Traumen und „neuen" Rückenbeschwerden erkennen und heilen.

Eine Verspannung zieht die nächste nach sich, eine Blockade löst die nächste aus, bis der Körper und die Seele das nicht mehr auffangen und kompensieren können.

Die Symptome sind dann unser Alarmsignal

Die Cranio-Sacral-Therapie

Die Bezeichnung basiert auf den Fachbegriffen:

Cranium   = Schädel

Os sacrum = Kreuzbein (vorletztes Knochensegment der unteren Wirbelsäule)
Entstanden ist diese Therapie aus einer Entdeckung des amerikanischen Arztes und Osteopathen (manuelle Einwirkung auf Knochen) William Garner Sutherland (1873-1954). Er bewies, dass der menschliche Schädel ein bewegliches System aus Schädelplatten ist.

Der Chirurg *Dr. John E. Upledger* aber erst entwickelte eine Therapie aus der wissenschaftlichen Entdeckung seines Kollegen.

Die Behandlung dauert 1 – 1 1/2 Stunden und besteht aus gezielter Druckausübung, die zu Korrekturen an den Knochenpartien führt.

Die Cranio-Sacral-Therapie zieht praktisch den Stecker aus dem Nervensystem, das wie unter Strom steht. Durch diese totale Entspannung der Systeme kann auch eine Korrektur der Knochen, Wirbel und Membrane eingeleitet werden, was auf ganz sanfte Weise geschieht.

Die Therapeutin, Heilpraktikerin Frau *Anja Wanner-Moritz* erklärte mir, dass durch die sanfte Einwirkung auf das Membransystem ein Heilungsvorgang in Gang gesetzt würde. Vorher wurde durch unnatürliches Leben und falsche Haltungen die Botschaft an Muskeln und Gewebe zur „Schonhaltung" gegeben, daher kommt es zu Verkrampfungen. Diese Botschaft wird nun manuell ersetzt durch die Botschaft, den Krampf, der wie eine Blockade wirkt, aufzulösen. Längst nach der Sitzung beim Therapeuten/bei der Therapeutin wirken die „Be-*hand*-lungen" weiter.

Es ist immer wieder interessant zu beobachten, dass es Heilmethoden gibt, die überaus wirksam sind und bei denen man nicht mit Langzeitschäden und Nebenwirkungen rechnen muss. Es wäre wünschenswert, dass alle Menschen sich auf solche natürlichen Mittel besinnen würden.

Man mag gar nicht daran denken, wohin ein chronisch gewordenes Halswirbelsyndrom führen kann. Im schlimmsten Fall in die Invalidität.

Bewusst habe ich die CranioSacral-Technik etwas ausführlicher beschrieben. Mir ist im Laufe der Jahre klargeworden, dass diese Methode eine einzigartige Möglichkeit bietet, Fehlhaltungen, Schiefstellungen, Verschiebungen und Blockaden, die sich im Laufe eines Lebens aufgebaut haben, korrigieren lassen.

Wenn man einmal begriffen hat, dass eine Wirbelsäule im Lot sein muss, soll der Mensch gesund sein, wird einem klar, dass die CranioSacral-Therapie eine geniale

Basistherapie darstellt, die erst die Möglichkeit schafft, dass alle Funktionssysteme des Körper sstörungsfrei arbeiten können.

Bedauerlicherweise bietet die CranioSacral-Technik nur im begrenzten Maß die Möglichkeit der Selbsthilfe. Ist es zu ernsthaften Beschwerden gekommen, die eine Korrektur der Fehlstellungen erforderlich machen, ist ausschließlich der/die Therapeut/in gefragt, weil es umfangreicher Erfahrungen bedarf, wenn in die Ordnungsstrukturen eingegriffen wird.

Die CranioSacral Selbsthilfeübungen hingegen eigenen sich bestens zur Prävention und zum Erhalt einer wiederhergestellten Symmetrie des Skelettsystems und damit aller Organe, die dieser Ordnung unterstellt sind.

Ich selbst schätze diese Basisübungen sehr, die tatsächlich nur wenige Minuten in Anspruch nehmen. Sie werden von mir grundsätzlich und täglich ausgeführt. Es sind im Wesentlichen Dehnübungen, die sehr einfach sind, aber dennoch gewährleisten, dass Schiefstände nicht entstehen und alle Gelenke auch elastisch bleiben. Es wird Platz in den Gelenken benötigt, damit Auskleidungen genug Gelenkschmiere bilden können.

Auf der Folgeseite sind kleine Beispiele dargestellt. Wie Sie sehen, geht es darum, die Wirbelsäule und Gelenke, einschließlich der Verbindung zum knöchernen Schädel beweglich zu halten, damit Blockierungen aufgelöst werden, resp. sich gar nicht erst bilden können.
Nach der CranioSacral-Lehre ist eine strahlende Gesundheit nur dann möglich, wenn die Wirbelsäule im Lot und alle Knochen und Gelenke ihr vollkommen symmetrisch anhängen.
Wichtig ist es auch, die Spannung aus den Schädelnähten zu nehmen, die oftmals der Grund dafür ist, dass es zu Kopfschmerzen und anderen Beschwerden kommt.

CranioSacral-Technik

Kleine Beispiele

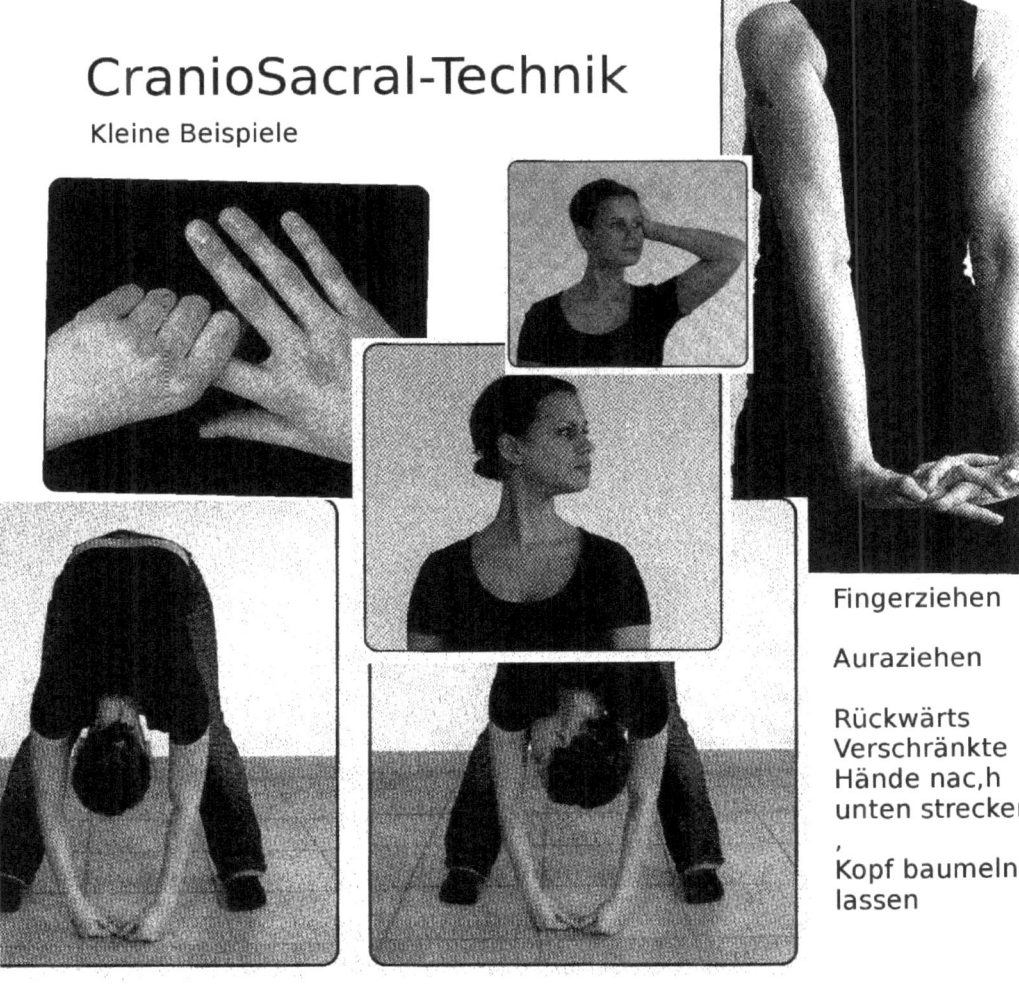

Fingerziehen

Auraziehen

Rückwärts
Verschränkte
Hände nac,h
unten strecken

'
Kopf baumeln
lassen

Narben auf Merdianverläufen können Heilung vereiteln

Narben, die einen Meridianverlauf durchschneiden, unterbrechen den Energiefluss und können Heilung boykottieren.'

Ein von Narben unterbrochener Energiefluss kann völlig unterschiedliche Beschwerden verursachen und an der Entstehung der verschiedensten Krankheiten beteiligt sein, vor allem jedoch zügige Heilung verhindern.
Um hier Zusammenhänge zu finden, lohnt sich der Einblick in die Meridianverläufe und ihre Bedeutung für Körper und Seele. Hier erklärt sich, wie es sein kann, dass z. B. bei neuralgischen Schmerzen im Gesicht ein Energiepunkt an der Wade geströmt wird.

Bei der Narbenentstörung werden Meridiane für den Energiefluss wieder durchgängig gemacht.

Dies kann durch Massage des Narbengewebes in Selbsthilfe geschehe oder aber unter Einsatz von schwachem Strom, wie zum Beispiel nach der Methode von Penzel durch einen Arzt, eine Ärztin, einer Heilpraktikerin oder eines Heilpraktikers.
Neuraltherapie ist naturkundlich arbeitenden Therapeuten nicht neu.
Mit dieser Methode sind schließlich unzählige Patienten von quälenden Schmerzen oder sogar von chronischen Krankheiten befreit worden.
Dafür wurde ihnen *Impletol* (Mischung aus Coffein und Betäubungsmittel Procain) in und um das Narbengewebe oder in die Gaumenmandeln, resp. in Störfelder an Zahnwurzeln gespritzt.
Die beiden Ärzte *Ferdinand und Walter Hüncke* haben die Neuraltherapie bereits im Jahre 1925 entwickelt. Sie vermuteten in den Narben und dem umliegenden Gewebe Krankheitserreger.

Der Erfolg ihrer Arbeit schien ihnen Recht zu geben. Es gelang ihnen vielfach, besonders rheumatische, Beschwerden zu lindern oder gänzlich zu beseitigen.

Der Behandlungserfolg zeigte sich oft schlagartig nach einer einzigen Sitzung.

Jahre später beschäftigte sich der ehemalige Bauingenieur und spätere Masseur Willy Penzel sehr intensiv mit der Akupunkturlehre. Bei seiner Arbeit fiel ihm immer wieder auf, dass viele seiner Patienten, die Blinddarmoperationen oder Gallenoperationen hinter sich hatten, an rechtsseitigen Kopfschmerzen litten. Behandelte er die Operationsnarben der Betroffenen, traten die Beschwerden nur noch selten auf oder verschwanden ganz. Dies war vor allem dann der Fall, wenn sich die Narben auf der gleichen Körperseite wie die Symptome befanden.

Willy Penzel begann nun systematisch danach zu suchen, ob sich bei seinen Patienten Narben auf den Meridianverläufen befanden.

So ermittelte und veröffentlichte er beispielsweise folgende Zusammenhänge, die so auffallend häufig auftreten, dass sie nicht als Zufall ignoriert werden können:

- Narben am Knie können eine Reihe von Gesundheitsschäden auslösen, da das Knie von sechs (!) Meridianen durchlaufen wird und dieses mit Energie versorgen.
- Wer Knoten in der Brust findet, hat fast immer auch Unterleibsnarben auf der gleichen Körperseite
- Gebärmutteroperationen haben durch Narbenbildung im Körperinneren in den meisten Fällen Stuhlverstopfungen zur Folge
- Unterleibsoperationen mit ihren inneren Narben, münden oft in Blasenschwäche, Nierenschwäche, Rückenschwäche
- Tinnitus fand sich bei Narbe am rechten Zeigefinger und Blinddarmnarbe

- Tennisellenbogen und Armbeschwerden rühren möglicherweise von Narbe an der Schulter her

Solche Beispiele können endlos aufgelistet werden. Befragungen und gezielte Behandlungen bestätigten die Vermutung vielfach, dass Zusammenhänge offensichtlich sind.

War in dem entsprechenden Meridian der Energiefluss durch Narben gestört, kam es, oftmals erst nach Jahren, zum Ausbruch von Krankheiten.

Diese wurden jedoch von den behandelnden Ärzten nur selten dem Unterbrechen des Energieflusses durch Narben auf den Meridianverläufen zugeschrieben.

Erst durch die Forschungsarbeit von Penzel wurde schlüssig, weshalb eine Narbe nicht in allen Fällen ein Störfeld sein muss, wie bislang vermutet worden war (Neuraltherapie). Sie stellt nur dann eine Unterbrechung des Energieflusses dar, wenn sie Meridianverläufe durchquert und somit im Meridiansystem Energieaustausch und Energieweitergabe verhindert.

Narbenentstörung in Selbsthilfe vornehmen
Zumeist genügt eine einfache Massage, um die Narben wider für den Energiefluss durchlässig zu machen. Dafür wird die Narbenfläche zwischen die Finger genommen und sanft gezwirbelt. Befindet sich die Narbe direkt über Knochen und lässt sich nicht heben, wird sie über den festen Untergrund nach allen Seiten hin verschoben.

Jede dieser Übungen wird nur wenige Minuten ausgeführt. Nach einigen Tagen ist das Narbengewebe weicher und lässt sich besser massieren.

Ich selbst habe damit erstaunliche Erfahrungen machen dürfen. Eine Narbe direkt am Schlüsselbein (von Schilddrüsenoperation), dort beginnt der *Nierenmeridian*, war wohl der Grund für meine ständigen kalten Füße, die ich auch als kalt empfand, wenn die Temperaturen 30 Grad im Schatten maßen. Ich brauchte deshalb sogar im Sommer eine Wärmflasche.

Nach wenigen Tagen der sorgsamen Massage war der Spuk vorbei und eine Wärmflasche wird seither, bis zum heutigen Tag, als störend empfunden.

Ähnliche Erfahrungen machte ich auch mit der Massage des *Blasenmeridians*, der direkt neben dem Augenbrauenbeginn platziert ist.

Eine Narbe (ich war bei einem Autounfall durch die Scheibe geschleudert worden) hatte wohl meine Blasentätigkeit beeinflusst, denn ich „musste" damals nachts bis zu 5 Malen das „Örtchen" aufsuchen.

Ich staunte selbst, als ich bereits nach wenigen Behandlungstage nachts nicht mehr aufstehen musste, nicht mehr durch Blasendrang gestört wurde.

Nach der Lektüre des Buches „Narben machen krank" begann ich ohne große Erwartungen mit Massage „in eigener Sache". Die Erfolge, die bereits nach nur einer Woche der Behandlung spürbar waren, wurden von mir erstmal nicht den Narben zugeschrieben. Erst als nicht mehr die Veränderung, die sie zur Folge hatten, zu übersehen waren, begann ich, auch meine Klienten davon zu überzeugen, sich ihrer Narben anzunehmen. Mit ihren Erfolgen bestätigt sich wieder einmal die These, dass der Körper eines Menschen über eine schwach elektrische Natur verfügt und auf seinen ungestörten Energiefluss in den Meridianverläufen angewiesen ist, wenn Heilung erfolgen soll. Ist dieser Fluss ausgebremst durch Narben beispielsweise oder auch Bewegungsarmut, eine sitzende und unnatürliche Lebensweise, ist es deutlich mühsamer, Heilung zu erwirken.

Ermitteln Sie ihre Narben und versuchen Sie, diese für fließende Energie durchlässig zu machen.

Die 5 TIBETER

Das sind einfache Yogaübungen mit tiefer Wirkung für Körper, Geist und Seele

Ich bin eigentlich ein Sportmuffel. Aber ich weiß natürlich, wie wichtig es ist, „Bewegung ins Leben zu bringen" - und das in gezielter und allerschönster Regelmäßigkeit. Dafür sind die 5 Tibeter eine geniale Möglichkeit.

Wir alle wissen, dass es wichtig für das gesamte Knochengerüst, aber auch für das psychische Befinden eines Menschen, wenn ein tägliches Bewegungsprogramm absolviert wird.

Solche Überzeugungsarbeit ist gar nicht so leicht. Denn auch der Mensch mit den allerbesten Vorsätzen kann nach einer kleinen oder großen Weile wieder abtrünnig werden und lässt nach in seinem Bemühen, den Körper zu stählen.

Und weil das so ist, singe ich heute das Loblied auf 5 einfache Übungen, die kaum Zeit in Anspruch nehmen und die dennoch eine fantastische Wirkung haben auf Körper und Seele.

Wenige Minuten am Tag für die 5 Tibeter und dazu einige CranioSacral-Übungen sie sind es, denen ich weitgehend zu verdanken habe, dass ich gesundheitlich in so gutem Zustand bin und mich auch seelisch in Harmonie befinde (meistens), obwohl ich sicherlich öfter mal Gründe hätte, zutiefst verzweifelt zu sein, wie die meisten meiner Mitmenschen eben auch.

Aber 10 Minuten am Tag für die 5 Tibeter, die gönne ich mir nun schon seit vielen Jahren. Wenn ich hier von 10 Minuten spreche, in denen ich meine Tibeter absolviere, höre ich im Geiste die peniblen Anwender aufschreien, die es verwerflich finden, diese kostbaren Übungen nicht in der Weise zu zelebrieren, wie es ihnen zusteht. Diese Menschen sehen in diesen Anwendungen eine nahezu heilige Handlung, die praktisch entweiht wird, wenn sie nicht gleichzeitig mit Meditation und entsprechenden Atem- und Bewusstseinsübungen verbunden wird.

Diese ernsthaften, ewig Sinnsuchenden, mögen mir verzeihen. Ich bin eine Eilende und viele meiner Leser sind es auch. Ihnen kann ich auf jeden Fall vermitteln, täglich ein wenig für sich zu tun. Bei mehr würden sie vielleicht schon abwinken. Ich meine, das ist immer noch besser, als es ganz zu lassen, oder? Und – wer tiefer eintauchen möchte in die Langsamkeit des Seins und jeder der Übungen gebührend nachsinnen will, der ist willkommen, sich viel intensiver zu beschäftigen mit der Lehre von den 5 Tibetern, als ich es hier in vereinfachter Form vorstelle.

Die 5 Tibeter sind einfache, aber geniale Bewegungabläufe, die bewährte Joga-Übungen sind, andererseits bester Rückengymnastik entsprechen.
Sie eignen sich für junge als auch für ältere Menschen, ja sogar für Kinder.

Die 5 Tibeter gehören zu den ältesten fernöstlichen Übungen für die Gesundheit. Sie helfen dabei, Wohlbefinden und Fitness zu finden, sich total zu entspannen und neue Kräfte und Energien zu tanken.

Auf welche Weise die 5 Tibeter wirken
Mit diesen 5 Übungen werden die sieben *Hauptchakren* (Energiezentren an der Körperoberfläche) aktiviert. Diese Chakren wirken durch die sieben Drüsen und unterstützen im Körper den Hormonausgleich. Das heißt, dass das endokrine System mit der jeweils nötigen Lebensenergie versehen, und diese an alle Funktionssysteme, alle Organe weitergeleitet wird.

Die Chakren (Energiezentren)
Jedes Chakra ist zuständig für eine entsprechende Bewusstseinsebene. Die Chakren stehen mit den Körperdrüsen und den Organen, sowie mit der Psyche in Verbindung und bestimmen auch unser Verhalten. Der Mensch befindet sich in einem Zustand der Harmonie, der Ausgeglichenheit, wenn alle Chakren ganz

geöffnet sind. Wenn Chakren blockiert sind, kann es zu körperlichen oder psychischen Missempfindungen oder Beschwerden kommen.

Das Endokrine System

Das Endokrine System ist die Sammelbezeichnung für alle Organe und Gewebe, die Hormone produzieren. Sie sind im ganzen Körper verteilt und können auch über große Distanzen Wirkung zeigen. Von ihnen hängen folgende Aktivitäten ab: Wachstum – Entwicklung – Funktion der meisten Organe – Stoffwechselvorgänge und ihre Koordination. Hormone haben Regulationsaufgaben für alle Zellen, sie sind zuständig für den reibungslosen Ablauf aller Vorgänge

Die 5 Tibeter als Fitness-Programm

durch die rhythmische Bewegung der fünf Übungen und die gleichmäßige, bewusst ausgeführte Atmung, werden alle Muskeln, Sehnen, Bänder aktiviert, wird der gesamte Organismus mit Sauerstoff versorgt.
Die 5 Tibeter sind viel mehr als nur Übungen zur Körperertüchtigung und zur Optimierung der Hormonausschüttung zu betrachten. Es geht hier auch um Rituale. Und Rituale sind immer dazu da, um Ordnung und Regelmäßigkeit ins Leben der Anwender zu bringen. Wer sich darauf einlässt die 5 Tibeter zu praktizieren, wird bald spüren, wie er von neuer Lebenskraft durchdrungen ist, wie neue Energie und gute Laune sein Leben bestimmen, wie man sich wieder besser konzentrieren kann und die geistige Leistungsfähigkeit wieder wächst.

Wie die 5 Tibeter praktiziert werden

Die Interessenten beginnen mit nur 5 Wiederholungen jeder der Übungen. Alle paar Tage Tag werden 2 Übungen hinzugefügt, bis die Zahl von 20 Wiederholungen pro Übung erreicht ist. Die Steigerungen können auch langsamer vollzogen werden, sodass man längere Zeit bei nur 5 oder 7 oder mehr Wiederholungen verweilt.

Weshalb man nicht gleich mit den 20 Wiederholungen pro Übung beginnt?
Jede dieser 5 Tibeter ist mit Hormonausschüttungen verbunden. Damit diese nicht zu heftig wirken, wird der Körper erst einmal an eine kleinere Dosis gewöhnt und nicht gleich einer Hormonüberflutung ausgesetzt.

Der Erste Tibeter
Stehen Sie aufrecht und stellen die Füße etwas auseinander, die Arme weit ausgebreitet. Die Handflächen sind nach oben gerichtet. Nun drehen Sie sich im Uhrzeigersinn, so wie die tanzenden Derwische. Es ist sinnvoll, dabei einen Punkt im Raum zu fixieren, damit einem nicht schwindlig wird. Nach der Drehung empfiehlt es sich, die Hände vor dem Körper auszustrecken, zusammen zu legen und darauf zu schauen, bis sich der Gleichgewichtssinn wiedereinstellt.
Wirkung: Bei dieser Übung wirken die ausgestreckten Fingerspitzen wie Antennen, die Meridiane werden so mit Lebensenergie gefüllt. Die nach oben geöffneten Handfläche signalisieren dem Unterbewusstsein Offenheit, dass man bereit ist anzunehmen, entgegenzunehmen.
✕Es wird der Gleichgewichtssinn gestärkt
✕Es wird der Kreislauf aktiviert
✕Es wird die Beweglichkeit, die körperliche Flexibilität unterstützt
✕Es wird für mehr Schwung und Elan gesorgt
✕Es wird eine positivere und sorgenfreiere Lebenseinstellung erwirkt

Der Zweite Tibeter
Mit dem Rücken flach auf dem Boden liegen. Die Arme ausgestreckt neben den Körper legen, die Handflächen auf den Boden. Mit dem Einatmen den Kopf heben und das Kinn auf das Brustbein ziehen. Gleichzeitig die gestreckten Beine im rechten Winkel zum Körper nach oben heben (entschärfte Version: erst die Knie anziehen, dann senkrecht hochheben). Danach Kopf wieder hinlegen, die Beine wieder absenken und ausatmen. (entschärfte Version: erst die Knie anziehen)

Wirkung: Mit dieser Übung werden alle Chakren stimuliert.

✕Es werden Bauch – und Rückenmuskeln gestärkt

✕Es wird de Gehirndurchblutung angeregt

✕Es wird das vegetative Nervensystem aktiviert

✕Es wird das Immunsystem gestärkt

✕Ängste und Sorgen können leichter losgelassen werden

✕Es hilft dabei, insgesamt loszulassen, auch Trauer und Befürchtungen

Der Dritte Tibeter

Wir knien auf der Matte, die Zehenspitzen nach unten gebogen, damit Druck auf die Unterseite der großen Zehen ausgeübt werden kann. Dort liegt in der Fußreflexzonenlehre die Entsprechung für die Hypophyse (der Chef-Drüse). Die *Hypophyse* ist eine Hormondrüse, der eine zentrale übergeordnete Rolle bei der Regulation des Neuroendokrinen Systems im Körper zukommt. Die Hypophyse sitzt in einer knöchernen Vertiefung der Schädelbasis in Höhe der Nase und mitten im Schädel. Eine geläufige deutsche Bezeichnung ist **Hirnanhangsdrüse**. Bei der Fußreflexzonenlehre ist ihre Entsprechung unterhalb des großen Zehs zu finden und wird von dort aus stimuliert, wenn eine Einwirkung gewünscht ist.

Die Handflächen liegen auf der Rückseite der Oberschenkel, gleich unter den Pobacken. Nun wird der Körper, soweit es geht, nach hinten gebogen, der Kopf behutsam in den Nacken gelegt (nicht überstrecken wegen einer möglichen Schilddrüsen-Überstimulierung), dabei über die Nasse einatmen, den Mund leicht öffnen. Wieder aufrichten des Körpers, Kinn auf die Brust, ausatmen, aber nicht in der Taille einknicken. Einen Moment verharren, dann entsprechend oft wiederholen.

Wirkung: hiermit ist ein starker Energiezuwachs zu stimulieren.

✕Es wird die Hals- und Schulterpartie gedehnt

✕Es wird der Brustkorb geweitet

✕Es wird das Herz- und Kehlkopfchakra stimuliert

× Es wird die Nierendurchblutung angeregt.
× Es wird die Konzentrationsfähigkeit gefördert
× Es wird Platz gemacht für Offenheit und Kreativität
× Es wird ein zielgerichtetes Denken ermöglicht

Der Vierte Tibeter

Aus der Sitzposition heraus wird der Körper auf Beine und Arme gestellt, der Bauch nach oben, wie ein Tisch. Den Kopf behutsam in den Nacken sinken lassen. Dabei Einatmen. Nun das Gesäß zwischen die Hände platzieren, Kinn auf die Brust und ausatmen (entschärfte Version: Das Gesäß nur absenken, hinsetzen, nicht zwischen die Hände setzen). Entsprechend oft wiederholen.

Wirkung: Mit dieser Übung ist Dehnung und Weiten auf allen Ebenen verbunden.
× Es wird die Wirbelsäule gestärkt und aufgerichtet
× Es wird der gesamte Verdauungstrakt aktiviert und gestärkt
× Der gesamte Oberkörper wird gedehnt
× Es werden mentale Blockaden aufgelöst
× Es werden Engstirnigkeit und Vorurteile gemindert

Der Fünfte Tibeter

Man begebe sich auf die Knie, stelle die Beine steif so weit zurück, wie möglich, bleibe hinten auf den Zehenspitzen und stütze sich vorne auf die Handflächen. Der Po wird wie ein Dach nach ober gestellt, dann den Bauch nach unten schwingen, den Körper durchhängen lassen, den Boden nicht berühren. Die Beine bleiben steif. Einatmen beim Hochheben des Gesäßes, einen Moment verharren, ausatmen beim Durchhängen des Körpers. Dann entsprechend oft wiederholen.

Wirkung: Diese Übung dehnt und kräftigt die Muskulatur. Unterstützt die Geschmeidigkeit der Glieder.
× Es wird der Kreislauf aktiviert
× Es werden alle Körperfunktionen aktiviert

- Es wird das Scheitel- und Stirnchakra angeregt
- Es wird die geistige Tätigkeit angeregt
- Es werden die Nerven gestärkt
- Es werden Jähzorn und geistige Zwänge abgebaut
- Es wird Negatives abgebaut
- Es wird die Konzentrationsfähigkeit unterstützt
-

Der Sechste Tibeter

Um diese Übung wurde immer ein großes Geheimnis gemacht. Er gehört nur am Rande zu den berühmten 5 Tibetern. Er wird ausgeübt, wenn Anwender daran interessiert sind, ihre sexuelle Energie in geistige Energie zu verwandeln.

Wer es ausprobieren möchte, hier ist die Beschreibung:

Im Stehen durch die Nase tief einatmen. Dann ausführlich durch die Nase ausatmen, dabei den Oberkörper so weit herunterbeugen, wie es möglich ist. Noch weiter ausatmen, bis kein Quäntchen Atemluft mehr in den Lungen ist. Die Atemnot bewusst aushalten, so lange es geht, dann langsam aufrichten, die Hände in die Hüften stemmen, die Schultern hochziehen und durch die Nase wieder zu Atem kommen.

Dabei die Beckenbodenmuskeln anspannen. Es empfiehlt sich, diese Übung drei Male täglich zu praktizieren.

Auf der Folgeseite stelle ich die einfachen Tibeter-Übungen mit kleinen Grafiken vor. Sie sehen, das ist keine Zauberei. Zauberwirkung aber können die Tibeter entfalten, wenn sie täglich angewandt werden
Ich selbst kann nicht genau sagen, was ich ihnen zu verdanken habe. Auf jeden Fall pflegen Sie meinen Rücken und halten meine Gelenke „gelenkig". Ich brauche heute also keine Rückengymnastik mehr. Und die paar Tibeter-Minuten am Tage gehören längst zu meiner lieben Gewohnheit.

Die 5 Tibeter

1. **Tibeter** Arme ausgebreitet, Handflächen nach obern und im Uhrzeigersinn drehen
2. **Tibeter** Körper flach auf den Boden legen, Beine anziehen, Füße nach oben strecken, dabei auch Kopf heben
3. **Tibeter** Kniend die Zehnspitzen so aufsetzen, dass die Unterseite der Zehen auf der Mattel liegen, Hände flach auf die Schenkelrückseiten legen, den Körper nach hinten beugen
4. **Tibeter** Hinsetzen, Beine aufstellen, mit Händen aufstützen und den Bauch nach oben strecken. Abwechselnd stzen und den Bauch heben
5. **Tibeter** Hände und Füße auf den Boden Istellen, Po weit nach oben recken, den Bauch im Wechsel dazu durchhängen lassen

MERIDIANKLOPFEN - Raus mit der Angst aus Ihrem Leben

Mein Ratgeber-Buch zu diesem Thema ist tatsächlich ein REZEPTBUCH - zum Glücklichsein.

Kürzlich habe ich einen wunderbaren Spruch dafür gelesen:
„Wer in ständiger Angstlebt, stirbt 1000 Tode, wer ohne Angst ist, stirbt nur einmal!"

Die Methode des MERIDIANKLOPFENS will Ihnen dabei helfen, sich von allen Alltagsängsten zu befreien, die kein Mensch braucht und seelisch gesund zu werden und zu bleiben.
Mit Hilfe von Meridian-Energie-Techniken kann man sich auf einfache Weise selbst dabei helfen, den Schicksalsweg freier zu machen von störenden Blockaden, von Sorgen, Befürchtungen und auch von Schmerzen. Und dazu brauchen Sie nur Ihre Fingerspitzen und wenige Minuten pro Tag.

„Angst ist die Basis von jedem Problem"!

Damit sind die Probleme der seelischen, wie auch der körperlichen Gesundheit gemeint. Große und kleine Ängste sind die großen Spielverderber, die Lebensqualität in jeder Form zunichtemachen können.
Wer weitgehend frei, in Frieden, voller Freude und unbelastet Pläne und Projekte angeht, hat beste Aussichten auf glückhaftes Gelingen.
Dabei kann es um seelische oder körperliche Gesundheit gehen, wie aber auch um ein gutes soziales Miteinander, um beruflichen Erfolg und materielle Sicherheit.

Wir können wirklich und wahrhaftig weitgehend Schmiedin oder Schmied des eigenen Wohnbefindens sein.

Dazu bedarf es eines nur geringen Einsatzes, denn seine Fingerspitzen hat man immer dabei. Uns stehen also wirksame (energetische) Instrumente zur Verfügung.

Ich bin stolz darauf, Ihnen ihren Gebrauch vorstellen zu dürfen. Anwenden aber müssen Sie diese einzigartigen Methoden selbst.

Nein, Wundermittel verspreche ich Ihnen nicht. Und „einmal Klopfen – und gut!" funktioniert auch nur selten, aber – die Natur hat uns gesund gedacht. Gesund an Körper und Seele. Und dafür können wir etwas tun…!

Nun liegt es an uns, diesen Schatz (wieder) freizulegen und zu behüten. Ich wünsche Ihnen viel Erfolg mit dem Meridianklopfen und auch Freude dabei, Ihr wahres Ich neu zu entdecken.

Die Ursachen für emotionale und auch körperliche Leiden sind in einer energetischen Blockade in den 12 Meridianen oder ihren Verbindungen, zu suchen

Die Meridian-Energie-Therapien ermöglichen das rasche Auflösen solcher Blockaden und somit Befreiung von Ängsten, Traumata Phobien, oftmals innerhalb einer einzigen oder nur weniger therapeutischen Sitzungen. Oder man übt sich in einer engagierten und zuversichtlichen Selbstbehandlung, die uns auch dauerhaft begleiten kann, denn manche Krankheit bedarf dauerhafter Einwirkung. Geht man aber davon aus, dass jedes körperliche, seelische, berufliche, wirtschaftliche, partnerschaftliche, zwischenmenschliche Problem als Basis die Angst hat, wird verständlich, dass diese energetischen Therapien auf allen Ebenen des Lebens befreiend wirken können.

Wer die Angst aus dem betreffenden Problem nimmt, kann damit rechnen, dass dieses gesamte Problem an Bedeutung verliert und nicht als Blockade wirkt.

Wer die Meridian-Energie-Therapien regelmäßig anwendet, kann sich selbst befreien von vielen Blockaden, die aus Erinnerungen, Zurückweisungen, Schuldgefühlen, negativen Erlebnissen, aus Trauer und Ungerechtigkeiten herrühren und die determinierte Glaubenssätze verursacht haben.

Es wird möglich, Frieden einziehen zu lassen in das eigene Gemüt und in Harmonie mit sich und seiner Umwelt zu leben.

Das Meridianklopfen ist leicht zu erlernen und kann auch von Laien ohne schädigende Nebenwirkungen sofort angewendet werden.

Meridianklopfen ist das Einwirken auf das Meridiansystem durch kurzes Beklopfen bestimmter Akupunkturpunkte nach einem jeweils vorgegebenen Schema.
Dadurch können Blockaden, die den Energiefluss in den betreffenden Meridianen behindern, und dadurch Heilung verhindern, aufgelöst werden.

Das Meridianklopfen ist demnach als Behandlungsmethode zu betrachten, die ursächlich wirkt, weil sie praktisch „den Weg frei macht", damit die körpereigenen Heilkräfte, die Reparatursysteme, die Regenerationssysteme ungestört wirken können.

__Man kann also vereinfacht sagen, dass die Meridian-Energie-Therapien ein Entstörungssystem sind.__

Auf welche Weise das Meridianklopfen wirkt?
Jedes Lebewesen unterliegt einem bestimmten energetischen Kontrollsystem- oder Management. Um dieses zu Veränderungen zu bewegen, bedarf es oft nur eines winzigen Signals.

Genau diese Stimulanz erhalten Meridiane durch Beklopfen ganz bestimmter Akupunkturpunkte, begleitet von einer möglichst einfachen Ausformulierung des zu behandelndes Problems.

Die Vorbereitung für ein gezieltes Beklopfen, ist die vollständige Anerkennung des Problems. Dem Leser, dem jahrelang ans Herz gelegt wurde, negative Formulierungen zu meiden und nur positive Affirmationen zu formulieren, mag es befremdlich erscheinen, dass ihm nun eine vermeintliche "Negativ-Aussage" abgenötigt wird, wie:
"Obwohl ich Angst vor dem Versagen habe, liebe und akzeptiere ich mich so, wie ich bin"!

Bei dieser Methode wird das Problem e r s t unmissverständlich benannt und dann s o g l e i c h relativiert und in Liebe zu sich selbst umgewandelt.

Diese Liebe zu sich selbst ist die allerwichtigste Grundlage für ein Einverständnis mit sich selbst und somit dem ungestörten Wirken aller Heilenergien, die allen Organsystemen, allen Zellen zur Verfügung stehen.

Die Ablehnung des eigenen ICHs hingegen, wirkt als Blockade, die das Strömen der Heilenergie behindert.
Dies umso mehr, je negativer man zu sich selber steht.

Hier kann das Meridianklopfen entstörend und einregulierend wirken und kann zielgerichtet bei Problemen, respektive Ängsten angewandt werden, die unmissverständlich benannt werden. Aber auch bei u n b e s t i m m t e n Ängsten, deren Ursachen nicht deutlich benannt werden können, weil sie nicht offensichtlich sind, also, die nicht sofort ausgemacht werden können, wirkt das Meridianklopfen.

MERIDIANKLOPFEN – raus also mit der Angst aus Ihrem Leben!

In meinem quadratischen RATGEBER „Meridianklopfen raus mit der Angst aus Ihrem Leben!"erkläre ich diese einfache Klopfmethode, auch anhand von Beispielen, damit Sie praktisch gleich damit beginnen können, sich zu beklopfen und für sich herauszufinden, dass es nur weniger Minuten am Tage braucht, um sich eine neue Lebensqualität zu erobern.
Besonders eindrücklich ist diese Methode im Einsatz für das Bearbeiten von ungelösten Lebensthemen. Sie können mit Hilfe dieser Methode aufräumen in Ihrer Seele und Frieden einziehen lassen in Ihrem Gemüt. Das bedeutet nicht, dass traumatische Erlebnisse verdrängt oder vergessen werden, sondern dass ihre Wirkung entschärft wird, ihre Macht wird ihnen genommen.
Es ist so, als würde ein „Kurzschluss" auf den energetischen Wegen geglättet werden, ihm praktisch die explosive Wucht entzogen, die negative Gefühle ausgelöst haben.

Laden Sie sich dafür **kostenlos** mein Video bei YouTube herunter: **MERIDIANKLOPFEN Crashkurs**, in dem Sie gleich s e h e n können, wie einfach es ist, diese Methode anzuwenden und damit Sie auf der Stelle erste kleine Erfahrungen machen können.
Viel Erfolg dabei!

Auf der Folgeseite habe ich Ihnen Die Energiepunkte grafisch dargestellt. Sie sind beim Strömen nicht zu verfehlen, weil sie eine Wirkfläche von jeweils mindestens 7 cm im Durchmesser haben. Begonnen wird mit der Handkante unter Benennen des Problems. Nacheinander wird dann jeder Punkt, beginnend mit dem Augenbrauenpunkt etwa 6x beklopft, dabei wird die Kurzform des Problems formuliert. Der Durchgang endet mit dem Beklopfen der Handkante und der Formulierung der Liebe zu sich selbst.

MERIDIANKLOPFEN
Kurzform

Handkante - Fromulieren des Problems
Alle Punkte zum Beklopfen
Abschluss Handkante

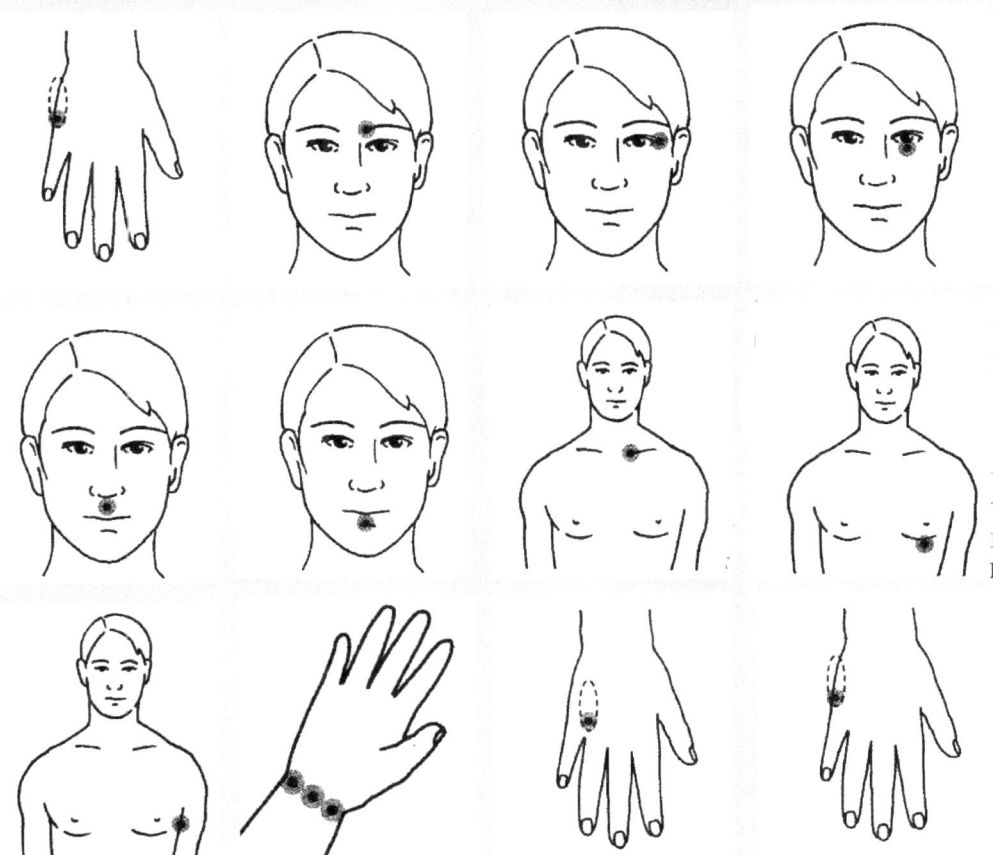

BSFF – Dein Unterbewusstsein als Bereitschaftsdienst

Jeder Mensch braucht einen treuen Freund, der immer zur Stelle ist, wenn man ihn braucht und der auch dann liebevolle Unterstützung bietet, wenn man gar nicht an ihn denkt.

Seit geraumer Zeit trainiere ich die Kommunikation mit meinem Unterbewusstsein ganz intensiv. und das mit, für mich wunderbarem, gänzlich unerwarteten Erfolg.
Mir war vorher nicht so wirklich bewusst gewesen was genau ich von diesem, meinem Unterbewusstsein erwarten kann.
Natürlich war mir immer schon klar, dass es zu mir gehört und dass es im Verborgenen wirkt.

Dass ich mein Unterbewusstsein aber ganz gezielt steuern kann, dass es Order entgegennimmt und sogar Wünsche erfüllt, das ahnte ich so konkret nicht.

Seit geraumer Zeit lasse ich mich von meinem Unterbewusstsein durch den Tag begleiten und erlebe, wie mir alles, was ich tue und auch was ich plane, viel leichter fällt. Seitdem ich vom Aufwachen an, mir meinen wichtigsten Kumpel, mein Unterbewusstsein an die Seite hole und mich erst am Abend mit seiner Hilfe vom Tag verabschiede habe ich sehr an Selbstbewusstsein im besten Sinn des Wortes – gewonnen. Abends dann erhält mein Unterbewusstsein den Auftrag, mich in eine gute Nacht zu begleiten.

Inzwischen wird diese gezielte Variante einer Meditation von mir und vielen meiner Leser als absolut unentbehrlich betrachtet. Sie kann ohne Zeitaufwand täglich mehrfach angewandt werden und einen guten Beitrag zum Wohlbefinden leisten.

Der namhafte amerikanische Psychologe Larry Phillip Nims entwickelte das Verfahren **_BSSF: Be Set Free Fast_** aus der Methode es **_Meridianklopfens_**. Ich habe mir erlaubt, diese wirkungsvolle Behandlungsweise in sehr vereinfachter Form, praktisch für die Sofortanwendung, den Meridian-Energie-Techniken, die ich zur Selbstheilung (Japanisches Heilströmen, Meridianklopfen) vorstelle, anzufügen. Es ist leicht zu verstehen und kann tatsächlich auf der Stelle ausgeführt werden. Solche kleinen „Minutenmeditationen", wie ich sie nenne, eignen sich wunderbar für die sanfte Selbstheilung von Körper, Geist und Seele und verleihen dem Anwender die Zuversicht und die Heilgewissheit, die erfolgreiches Handeln auf jeder Ebene erst möglich macht.

Wer sich mit dieser Methode intensiv befassen möchte, findet sie in der originalen Fassung und vielfach auch in verkürzter Form (modifiziert durch diverse Therapeuten) im Internet. Dafür rate ich zu der Originalversion.

Es geht um das Sprengen von emotionalen Fesseln, die auf körperlicher, geistiger und seelischer Ebene wirken und Heilungen auf allen Ebenen behindern.

Solche Blockaden sind aufgrund unbewusster Glaubenssätze entstanden, die seit frühester Kindheit Einfluss auf unsere Befindlichkeit und unser Handeln ausüben und beispielsweise folgende Ursachen haben können:

- negative Erfahrungen
- Zurückweisungen
- Verluste
- erlebte Gewalt
- negative Prägungen durch Erziehung
- traumatische Erlebnisse
- Unliebsame Gewohnheiten

- Anschauungen bei Familie und Umfeld
- Erwartungen des sozialen Umfeldes an uns
- Negativer Erwartungshaltung
- Verweilen in einer Opferrolle
- Kritisches Umfeld

Genau daraus entwickelt sich emotionaler Stress, die ihren Ausdruck in Wut, Angst, Resignation, Verzweiflung, Hass, Einsamkeitsgefühle, Neid, Panik, Mutlosigkeit und Erfolglosigkeit finden.

Um Ursachen von tief verwurzelten Glaubenssätzen loszuwerden, erhält man die Hilfe des Unbewussten, wenn das Anliegen deutlich kommuniziert wird und die passenden Rituale für die Auflösung angewandt werden.

Ich will hier eine ganz einfache Variante vorstellen, die tatsächlich auf der Stelle und im Alltag angewandt werden kann. Hier findet sich sozusagen eine *Soft-Version*, von der allerdings bereits wirkungsvolle Hilfe zu erwarten ist.

Dafür verwende ich ein Codewort, das ich jeweils ***vor meinem Anliegen*** und ***nach* meinem Anliegen** an das Unterbewusstsein richte (Begrüßung u. Abschied)

Für die Eigenhilfe empfehle ich erst einmal, praktisch als Einstieg, ganz einfache Schritte. Ich wähle ein schönes Wort, das ich spreche oder denke, wenn ich meine Kommunikation beginne und auch, wenn ich sie beende. Damit signalisiere ich meinem Unterbewusstsein, dass jetzt ein Auftrag kommt und danach, dass der Auftrag nun beendet ist. Ansonsten vertraue ich meinem Unterbewusstsein und überlasse ihm den Weg, den es mir weisen will und die Maßnahmen, mit denen es mich unterstützen möchte.

Beispielkommunikation:
1. Ich lege meine flache Hand auf die Thymusregion, die als „Eingangspforte für das Unbewusste" bezeichnet wird.
2. Ich wähle ein Codewort, das mich künftig begleiten wird, hier beispielsweise „Seele".
3. Ich formuliere: „Seele".
4. „Liebes Unterbewusstsein, bitte hilf mir heute dabei, mich gut zu fühlen und den Tag voller Tatkraft und mit reichen Ideen zu verleben. (hier kann ich alle Anliegen formulieren, die ich habe) Ich danke Dir für Deine Unterstützung."
5. „Seele".

Ich nutze diese Methode ganz oft am Tag und bitte dabei zum Beispiel um mehr Power, um bei bestimmten Dingen, die richtige Entscheidung zu treffen, mich in speziellen Situationen diplomatisch zu äußern, aber auch, dass mir Pläne gelingen. Oder ich bitte darum, dass ich Lernaufgaben besser gewachsen bin, dass ich für einen Mittagsschlaf gut abschalten kann, dass ich für bestimmte Unternehmungen gute Inspiration bekomme, dass ich für mein Schreiben gute Ideen umsetzen kann und noch Vieles mehr.
Je öfter ich für alle meine Aktivitäten mein Unterbewusstsein bemühe, desto müheloser gehe ich die großen und kleinen Schritte, die ich täglich machen möchte, machen muss.

In mir wächst mit jeder Anwendung die Gewissheit, dass mir mit dieser Unterstützung, die ich praktisch „einfordere", alles, was ich anpacke, deutlich besser gelingt, dass mir alles leichter fällt.

Es empfiehlt sich mehrfach am Tag BSFF anzuwenden. Wenn man daran denkt beispielsweise, oder irgendwo wartet, oder auf der Straße läuft, oder einfach öfter mal zwischendurch.

Alleine durch das Murmeln des Codewortes (auch gedanklich) und das Benennen des Problems (auch gedanklich), kann der mentale Weg für dessen Lösung initiieren werden.

Mit Anwendung dieser Methode kann ein Training genutzt werden, das dabei hilft, den eigenen Körper und seine Reaktionen besser kennen zu lernen, ihm und seinen Heilmöglichkeiten zu vertrauen und ihn tatsächlich als wichtigsten Verbündeten für körperliche, geistige und seelische Kraft zu gewinnen und mit Selbstverständnis zu nutzen.

Und dafür braucht man keine zusätzliche Zeit, keinen Kraftaufwand - und keine Vorkenntnisse. Ich selbst schätze diese Kommunikation mit meinem Unterbewusstsein sehr und habe es fest in meinen Tagesablauf eingebaut. Es hilft mir, wenn ich verzagt bin, auch mal traurig, wenn ich unsicher bin oder einen Rat brauche.

Immer wieder staune ich, wenn mein Unterbewusstsein mir die Idee für eine kluge Lösung von Problemen gibt oder mir einen Weg aufzeigt, der, hinführt zu einem angepeilten Ziel.

Ich versäume es auch nicht, mich bei meinem Unterbewusstsein regelmäßig zu bedanken. Dafür gibt es genug Grund.

Es ist ein gutes Gefühl, dass mein zweites ICH neben mir läuft und mir Halt und Unterstützung bietet. IMMER!

Gedanken und Gefühle sind mächtige Energiekräfte, die mir ständig zur Verfügung stehen und die ich für meine Ziele bewusst einsetzen kann.

Ob Sie einfach Ihren Energiepegel anheben wollen, ob Sie besser gerüstet sein möchten gegen Alltagsbeschwerden oder ob Sie gegen eine chronische Krankheit kämpfen, die Meridian-Energie-Techniken werden Sie darin unterstützen, Probleme zu überwinden und eine deutlich bessere Lebensqualität zu erreichen.

Sie können am eigenen Leib erleben, wie man selber *gezielt Einfluss* auf Gesundheit und Wohlfühlen nehmen kann, dass man praktisch der Manager der eigenen Gesundheit wird.

Dafür stelle ich Ihnen das Japanische Heilströmen in meinen beiden Büchern **Japanisches Heilströmen HAUSAPOHEKE** und **Japanisches Heilströmen PRAXISBUCH** in einer Weise vor, die Ihnen künftig ständiges Umblättern und lästiges Suchen auf anderen Buchseiten erspart. Sie können gleich s e h e n , was zu tun ist, wenn Sie das Strömen anwenden wollen.

Ich habe jeden Griff mit einem Foto und einer kleinen Grafik dokumentiert. Es ist also nicht nötig, dass Sie ein riesiges Ström-Studium absolvieren. Vielmehr schlagen Sie die Seite auf, die eine passende Anwendung zeigt und fangen gleich an. Damit Sie sich schon mal einen ersten Eindruck verschaffen können, wie einfach das Strömen ist, habe ich für Sie auch noch ein kleines Video gebastelt, das Sie sich kostenlos bei YouTube herunterladen können:

Japanisches Heilströmen Crashkurs

Gesundheit, gibt es sie tatsächlich auf Knopfdruck?

Sie meinen, mit einer solchen Verheißung würde ich mich viel zu weit aus dem Fenster lehnen? So etwas könne doch gar nicht funktionieren?

Heilung sei schließlich eine ernste Sache und eine langwierige (und langweilige) noch dazu, nicht wahr?

Ich möchte Ihnen heute das Gegenteil beweisen, nämlich, dass Selbstheilung ein vergnügliches Unternehmen sein kann und dass sie oftmals auf verblüffend einfache Weise zu praktizieren ist.

Sie werden erleben, welche beglückenden Gefühle frei werden, wenn Sie mit Ihrem Körper kommunizierst und wie er während eines engagierten und regelmäßigen Kontaktes mit Ihnen selbst, antwortet.

Sie werden spüren, dass Ihr Körper tatsächlich auf „Knopfdruck reagiert" und willig Ihren Weisungen folgt.

Es soll Ihnen gelingen, Meister Ihrer Gesundheit zu sein und selbst zu bestimmen, wie Sie sich fühlen. Die energetischen Heilweisen werden dabei eine machtvolle Rolle spielen. Dazu möchte ich Ihnen nachstehend erklären, wie Heilung funktioniert: Sie müssen wissen, wie Ihr körpereigenes Heilsystem funktioniert und wie Sie es zu Ihrem Verbündeten machen können. Denn genau das ist zu erreichen. Jeder kann das. Es ist leichter als Sie denken, Gesundheit zu erobern und so energievoll, so tatkräftig und so gut gelaunt zu werden und zu bleiben, wie Sie sich das wünschen.

Und dafür soll es genügen, dass die „passenden Knöpfe auf Ihrem Körper gehalten werden?
Jawohl, so ähnlich funktioniert das tatsächlich. Und ich mache das jeden Tag, wie unzählige Anwender auch. Ich kann Ihnen versichern: „es funktioniert!"

Das Japanische Heilströmen ist dafür ein geeignetes Instrument, dass sich sofort anwenden lässt und rasch, oft sogar auf der Stelle, Wirkung zeigt.

Zu Beginn meiner eigenen Experimente mit diesem Heilverfahren war es mir noch wichtig zu wissen, wie hoch der Prozentsatz der Heilerfolge sein würde, den man erreichen kann. Denn es kursierten dafür die abenteuerlichsten Zahlen.

Inzwischen weiß ich, dass es völlig unwichtig ist, welche Heilerfolge sofort messbar sind. Ich weiß ja längst, dass man durchaus so kühn sein darf, Heilungen, zumindest Linderung von Beschwerden, in Aussicht zu stellen.

Ihr jeweiliges Maß dabei ist jedoch so unterschiedlich, wie die Menschen es sind, die das Heilströmen anwenden und wie ihre jeweilige Ausgangslage, ihre seelische oder ihre körperliche Situation es erlaubt.

Wenn die Beschwerden dann gleich verschwinden, ist das eine wundervolle, keineswegs seltene Erfahrung und natürlich ein Grund zur Freude. Wenn es ein wenig länger dauert, oder sogar deutlich länger, bis es zu einem spürbar guten Ergebnis kommt, ist mehr Geduld angesagt.

Manche chronische Befindlichkeit ist eben besonders hartnäckig. Grundsätzlich aber kann man immer damit rechnen, dass die Lage sich verbessert.

Wer das nicht ausprobiert, nimmt sich selbst die Möglichkeit zu prüfen, was diese Behandlungsweise für ihn tun kann. Schließlich kostet das Strömen weder Geld, noch große Mühe. Oft sogar nicht einmal besonders viel Zeit.

Denn: ehe man die Finger dumm rumliegen lässt, kann man sie doch auch auf einen der Energiepunkte legen, um die Selbstheilkräfte gezielt zu mobilisieren.

Probieren Sie einfach aus, ob und wie schnell sich auch für Sie Heilung, oder sogar „Wunder" erzielen lassen.

Was aber ist ein Wunder? Für mich ist es durchaus zum Wundern, wenn man dem Stabilisieren der Gesundheit, dem Auflösen von Schmerzen, dem Überwinden von negativen Empfindungen, ja auch von Depressionen, dem Lindern von chronischen Krankheiten, mit so einfachen Mitteln, wie dem Auflegen der Fingerspitzen auf bestimmte Körperpunkte, näherkommen kann. Und das oftmals sogar gegen alle Erwartungen.

Wir haben es ja fast vergessen: eigentlich hat die Natur uns gesund gedacht. Wir selbst sind es, die durch unsachgemäßen Umgang mit Körper Geist und Seele für Ungleichgewicht gesorgt und den Nährboden für allerlei Krankheiten selbst bereitet haben.

Ich spreche hier natürlich nicht von angeborenen gesundheitlichen Problemen und Erbkrankheiten, oder Folgen von Unfällen, sondern vor allem von den Zivilisationskrankheiten, den sogenannten Wohlstandskrankheiten, die nur zu oft „hausgemacht" sind.
Glücklicherweise verfügt jeder von uns über ein **Selbstheilsystem**, ein körpereigenes Reparatursystem, ein zuverlässiges Regenerationssystem.
Der weise Arzt **Paracelsus** nannte dieses System vor fast 500 Jahren (!) den **INNEREN HEILER**.

Durch das heutzutage praktizierte Gesundheitssystem in dem ausschließlich wissenschaftlich anerkannte Methoden wie die Doppelblindstudien, als einzig belegtes medizinisches Wissen gelten, haben wir es verlernt, mit diesem genialen INNEREN HEILER zusammenzuarbeiten. Dabei ist er unser bester Freund und immer bestrebt, die Fehler unseres, oft unvernünftigen, Lebensstils auszubügeln. Er will „seinem Menschen" ohne Unterlass dabei behilflich sein, sich wohl zu fühlen, dessen Immunsystem pausenlos neu aufzurüsten und ihm immer wieder neue Lebenskraft verfügbar zu machen.

Leider erhält dieser INNERE HEILER von uns selbst oder der Außenwelt oft die falschen Botschaften und wir sorgen ohne Unterlass dafür, seine selbstlose Arbeit zu demontieren.
Mit meinen Buch- und Video-Projekten möchte ich dazu beitragen, dass jeder gesundheitsbewusste Mensch es sich wieder einübt, in Einklang mit seinem eigenen Heilsystem zu kommen.

Von vielen Menschen wird der eigene Körper im Alltag kaum wahrgenommen, oder nur als selbstverständliches Funktionssystem betrachtet, mit dem man sich erst dann beschäftigt, wenn es eben nicht (mehr) so funktioniert, wie wir das gewohnt sind. Krankheiten sind solche Dysfunktionen. Dazu gehören. auch Alltagsbeschwerden, die Sie klaglos auf sich nehmen, weil sie Ihnen zum Selbstverständnis geworden sind und Sie glauben, diese gehörten zu den unvermeidlichen Widrigkeiten des Lebens. Ich meine damit z.B. Erkältungen, Husten, Schnupfen, Heiserkeit, Mattigkeit, Chronische Müdigkeit, rheumatische Beschwerden, Kopfschmerzen, Heuschnupfen, Unverträglichkeiten, Allergien und eine Überempfindlichkeit gegen umherschwirrende Keime, denen man ja in unserer Umwelt pausenlos ausgesetzt ist.

Aber – Sie müssen keineswegs Opfer solcher Anfälligkeiten und Beschwerden sein. Vielmehr können Sie Ihre Gesundheit, ja, Ihre gesamte Lebensqualität buchstäblich in die eigenen Hände nehmen und dafür sorgen, dass es Ihnen gut geht.

Und das ohne größeres Studium, ohne Mühe und Zeitaufwand. Einfach nur mit Hilfe der eigenen Fingerspitzen und ein wenig Geduld. Die energetischen Heilmethoden sind dafür passende Instrumente, die immer und überall zur Verfügung stehen.
Ich habe mein Wissen darüber vereinfacht und in meine Schriften gepackt, die Sie künftig immer zur Hand haben können, wenn Sie es brauchen, oder wenn Sie es anwenden wollen.
Dafür empfehle ich meine beiden RATGEBER „Japanisches Heilströmen PRAXISBUCH" oder „Japanisches Heilströmen HAUSAPOTHEKE"
Eine Kurzeinführung erhalten Sie über ein Video, dass ich für Sie gemacht habe und das Sie sich kostenlos bei YouTube herunterladen können,
„Japanisches Heilströmen Crashkurs"

Japanisches Heilströmen – die Energiepunkte

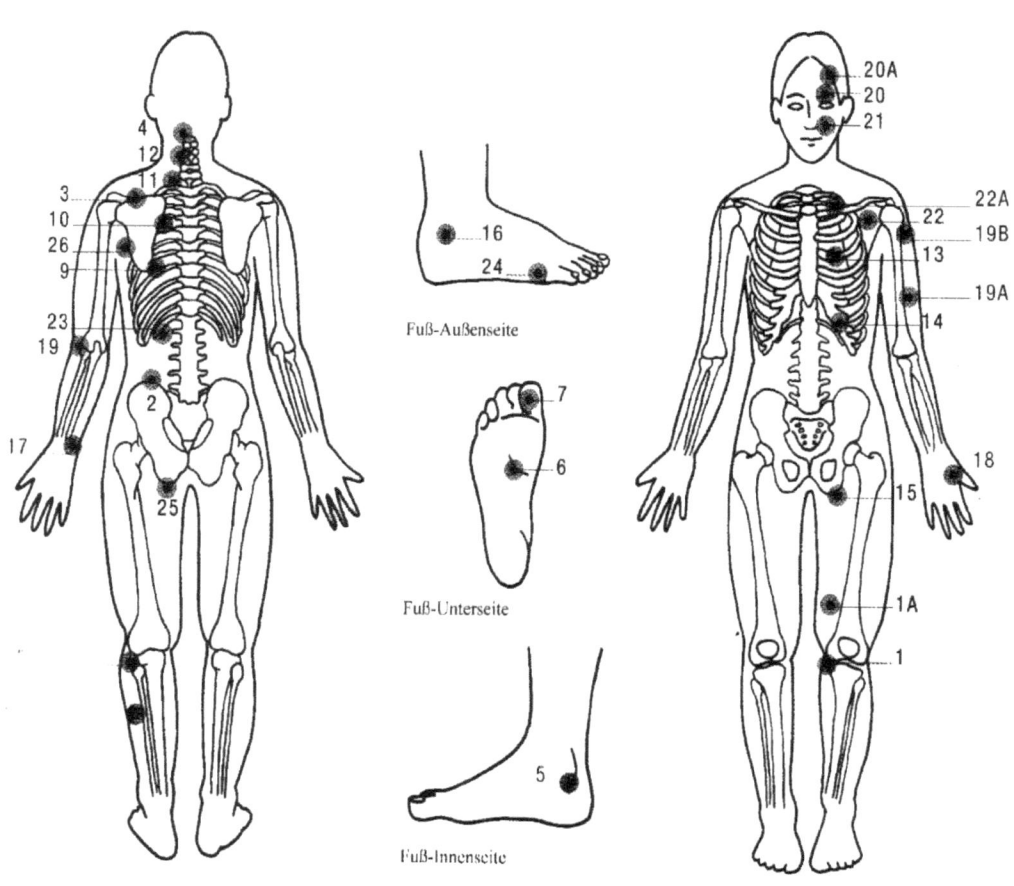

Fuß-Außenseite

Fuß-Unterseite

Fuß-Innenseite

Richtig atmen – als Energie-Elixier

Unser gesamter Organismus und jede Körperzelle braucht reichlich Sauerstoff, um so zu funktionieren, wie es von der Natur vorgesehen ist.

Richtiges Atmen ist ein natürliches Regenerationsmittel für Energie und gute Laune

Tatsächlich ist es möglich, das Atmen gezielt für unsere Gesundung einzusetzen. Ich höre schon die Stimmen, die da sagen: „Aber Atmen ist doch ein Selbstverständnis. Ja, wir atmen zwangsläufig alle. Es ist uns schließlich angeboren. Ohne Atmung könnten wir nicht existieren!" Alles das stimmt – aber nur bedingt!

Heutzutage aber haben wir das richtige Atmen tatsächlich verlernt!

Durch eine vorwiegend sitzende Lebensweise, die ganz und gar nicht der natürlichen Vorsehung der Natur entspricht, atmen wir flach, unzulänglich und gerade mal ausreichend, um zu ü b e r l e b e n .
Von einer ausreichenden Sauerstoffzufuhr, wie sie unser gesamter Organismus aber braucht, um seine Systeme ordnungsgemäß zu versorgen, kann keine Rede sein.

Alle unsere Körperfunktionen sind darauf angewiesen, dass sie laufend mit Sauerstoff „aufgetankt" werden. Er wird von den Lungen aufgenommen und an das Blut abgegeben. Das Blut transportiert Sauerstoff mitsamt anderen lebenswichtigen Nährstoffen über die Adern bis in die kleinsten Blutgefäße (Kapillaren). Alle Gefäßwände brauchen Sauerstoff, sollen sie stark und elastisch bleiben.
Jede unserer Körperzellen ist ein in sich geschlossener Regelkreis mit eigenem Funktionsmechanismus. Auf dieser Ebene findet Erneuerung, Wachstum und Versorgung statt. *Sauerstoff ist dafür ein unverzichtbarer Partner.*

Das alles wissen wir genau, und jeder von uns kennt sehr wohl die segensreiche Wirkung von bewusst geführten Atemübungen. So riet uns schon unsere Großmutter, wenn ein Erlebnis uns so erregte, dass Beruhigung angebracht war:

Atme erst einmal tief durch...
und wir wissen, danach ist alles nicht mehr ganz so schlimm

Ruhig und langsam atmen, tief und deutlich atmen...
leitet der Therapeut seine Patienten an, um ihnen Angst und Herzrasen zu nehmen.

Über den Schmerz hinwegatmen...
wird trainiert in der Geburtsvorbereitung oder auch in Seminaren in der der Schmerztherapie. Hier werden bestimmte Atemtechniken eingesetzt, um über Halluzinationserlebnisse Ängste oder Lebensträume bewusst zu machen.

Meditation und Atmung...
gehören untrennbar zusammen. Eine vollkommene Gedankenleere oder das Sichhinwenden zu visionären Phantasien ist leichter über Atemübungen zu erreichen.

Jede tiefe Entspannung...
führt über bewusstes, tiefes Atmen und vollkommenes Loslassen

Wirkungsvolle Sportübungen...
erfahren Unterstützung durch passende Atemübungen.

Auf allen Ebenen ist eine ausführliche Atmung der Kompagnon für einen guten Erfolg. Das wissen wir durchaus. Nur – wer macht sich schon Gedanken über richtiges und falsches Atmen.

Der „moderne Mensch" in unseren Breiten hat es nahezu verlernt, seinen Körper bestimmungsgemäß mit gesunder Atemluft zu versorgen.

Wir atmen flach, schnappen kurz mal nach Luft. Oftmals setzen wir für einige Augenblicke ganz aus.
Die Folge einer unzureichenden Atmung ist fast immer auch Vitalitätsverlust!

Patienten klagen häufig über Müdigkeit, Schwäche, Lustlosigkeit und sogar Depressionen. Krankheiten halten dann viel zulange an und können nur schwer überwunden werden. Wochenlange Grippe z. B. macht uns dann zu schaffen, das Immunsystem funktioniert nicht optimal.

Von solchen Fällen will ich hier nur einige wenige vorstellen:

Patientin S. klagt über ständige Müdigkeit. Sie fühlt sich den Belastungen, die der Alltag an sie stellt, nicht ausreichend gewachsen. Eigentlich stellt der Beruf, dem sie in einem kleinen Büro nachgeht, keine außergewöhnlichen. Anforderungen an sie. Auch ihr kleiner Ein-Personen-Haushalt ist schnell bewältigt. Zeit zum Ausruhen nach Feierabend und am Wochenende wäre durchaus genügend vorhanden. Diese Zeit allerdings wird zumeist damit verbracht, Fernsehen zu gucken, oder sich abends mit Freunden in einer Kneipe zu treffen.

Patient R. ist rühriger Geschäftsmann. Der Tag nimmt kein Ende. Abends, völlig ausgepowert, spielt er bestenfalls noch eine halbe Stunde mit den Kindern. Danach schläft er oft auf seinem Sessel ein. Am Wochenende absolviert er dann vielfach auch noch Kundenbesuche. Wenn er es mal schafft, mit seiner Familie ins Kino zu gehen, oder mit seiner Frau ein Restaurant zu besuchen, ist für ihn schon ein Höchstmaß an Erholungsmöglichkeiten ausgeschöpft. Herr R. fühlt sich ewig unausgeruht. Es fehlt ihm an Zeit für sich selbst.

Patientin W. hingegen tut relativ viel für ihren Körper. Sie ist berufstätig und nutzt, zusammen mit ihrem Mann, ein umfangreiches Freizeitangebot. Beide gehen regelmäßig in ein Fitnesscenter, sind Mitglieder eines Kegelclubs und besuchen oft Theater- oder Konzertveranstaltungen. Dazu schlucken sie reichlich Vitamine und Mineralstoffe. Auf gesunde Ernährung wird geachtet.

Es geht dem Ehepaar recht gut. Nicht gut genug meinen sie. Denn bei den vielen Aktivitäten, die unternommen werden, müssten die beiden sich viel, viel vitaler fühlen, als dies unerklärlicherweise der Fall ist.

Was fehlt allen drei Parteien?
Sie gönnen sich keine wirklichen ATEM-PAUSEN
Wo bleiben die tiefen Atemzüge in der freien Natur?
Wo werden die Lungen geweitet und prall gefüllt mit reinem Sauerstoff, der über den Blutkreislauf in die letzte kleine Körperzelle gelangt?
Stattdessen nehmen sie freiwillig täglich Platz in sogenannten „Atem-Fallen".
Diese halten heutzutage einen großen Teil unseres Lebensraumes besetzt und verhindern eine ordnungsgemäße Sauerstoffversorgung unseres Körpers.

Hier sind sie, diese Atem-Räuber:

- o **Klimatisierten Räumen** - fehlt oft die nötige Frischluftzirkulation. Stattdessen findet nur Luft-Kühlung mit wenig Frischluftzufuhr in einem geschlossenen Kreislauf statt.
- o **Volle Kneipen** oder Veranstaltungsräume - sind zumeist absolut sauerstoff-unterversorgt.
- o **Bahn und Bus**, die voll besetzt sind - neben völlig verbrauchter Luft werden Krankheitskeime und Körperausdünstungen eingeatmet.
- o **In stark befahrenen Stadtteilen** - ist die Luft oft mit Emissionen belastet.
- o **In Gegenden mit wenig Grünflächen** – ohne genügend Büsche und Bäume ist die Luft nicht sauerstoffreich genug.
- o **Die „Dunstglocke"** - über einer Stadt oder einem Industriegebiet verhindert den Sauerstoff-Austausch in der Atmosphäre.
- o **Wohnungen** - sind oftmals „zu gut isoliert". Laufende Belüftung fehlt.
- o **Sitzen vor dem Fernseher** – wie soll es so zu hinlänglicher Sauerstoffversorgung für den Körper kommen?
- o **Flaches Atmen**, Atemholen „vergessen" Nur nach Luft schnappen wie ein Fisch bringt keinen Vitalitätszuwachs.
- o **Verqualmte Bude**, wenn in der Wohnung geraucht werden darf.
- o **Feinstaub** von stark befahrenen Straßen

Wie kann ein Normalbürger sich mit guter Atemluft versorgen?

Ich empfehle grundsätzlich allen meinen Mitbürgern zum ganz bewussten, regelmäßigem Auftanken in frischer Luft.

Es ist überlebensnotwendig für den gesunden Menschen, dass er gut atmet. Damit betreibt er neben einer sorgsamen Ernährung und positiver Lebensführung allerbeste Zukunfts- und Gesundheitsvorsorge.
Besonders aber ältere. kranke oder gesundheitlich belastete Menschen und vor allem auch Kinder, müssen eine bewusste Tiefenatmung integrieren in ihr Gesundheitsprogramm.

Planen Sie zur Regeneration regelmäßige Atem-Pausen ein und aktivieren Sie damit Ihr Reparationssystem und Ihr Jung-Programm.

Ihr Atem-Plan
- ✓ Der regelmäßige Ausflug ins Grüne, vielleicht sogar in einen Wald, gehört dazu.
- ✓ Wie wäre es mit einem zügigen Spaziergang nach Feierabend in einer der nahe gelegenen Grünanlagen?.
- ✓ Gleich nach dem Aufstehen ein kleiner Lauf. Das muss nicht in Dauerlauf ausarten, rasches Gehen ist auch schon wirkungsvoll
- ✓ Besuche bei Freunden mit Garten sind ratsam. Bieten Sie sich zum Helfen bei der Gartenarbeit an
- ✓ Praktizieren Sie bewusstes Ein- und Ausatmen am geöffneten Fenster, besonders morgens und nach Gewitter oder Regen (mind. je 20 Mal), wenn die Luft frisch gewaschen ist. Atmen Sie so oft es geht am Tage bewusst 5 Mal ein und aus. Wenn Sie ATMEN in Ihren Tagesablauf einbauen, spüren Sie bald einen deutlichen Zuwachs an Kraft und Energie. Viele Mitmenschen, die diesen Rat angenommen haben, bestätigen mir die wohltuende Wirkung.

Die sorgsame Atmung, so funktioniert sie?

- Die erste Station der Atemluft ist die Nase. In ihr befinden sich kurze aber starke Haare, die die Aufgabe haben, Verunreinigungen zurückzuhalten.
- In der Nasenhöhle wird die Atemluft vorgewärmt.
- Durch die Luftröhre zieht die Atemluft in die Bronchien, wo sie befeuchtet wird, dann erst kommt sie in die Lunge.
- Durch die Atemmuskulatur werden die Rippen gehoben und das Zwerchfell senkt sich. Dadurch wird die Lunge entfaltet, in ihr entsteht ein Unterdruck, der das Einatmen bewirkt.
- Beim Ausatmen laufen die entgegengesetzten Prozesse ab.

So wird der Körper mit Sauerstoff versorgt

Um das Blut im Kreislauf zu bewegen, ist eine „zentrale Pumpstation" nötig, das Herz. Vom Herzen wegführende Gefäße heißen *Arterien* (Schlagadern), zum Herzen führende *Venen* (Blutadern).

Das Herz besteht aus 4 Teilen: dem rechten und dem linken Vorhof und der rechten und linken Herzkammer. Das „sauerstoffarme" Blut gelangt in den rechten Vorhof, danach in die rechte Kammer.

Von hier aus wird es über die Lungenarterien in die Lunge getrieben, um dort mit Sauerstoff (O_2) aufgeladen zu werden. Es strömt danach zurück in den rechten Vorhof, fließt in die rechte Herzkammer und wird in die Aorta (Wurzel der Arterien) ausgeworfen. Von dort aus findet die Verteilung des Blutes über Arterien in die Kapillaren (kleinste Gefäße) statt.

Hier erfolgt Gas- und Sauerstoffaustausch.

Es findet also die Versorgung des gesamten Körpers mit Sauerstoff (und anderen Stoffen) über die Atmung statt. Das „geleerte" Blut sammelt sich in den Hohlvenen und fließt wieder in den rechten Vorhof zurück.

Intensive Tiefenatmung nach der Yoga-Atmung:
Babys können das von Natur aus:
Babys atmen genauso, wie die Natur es angelegt hat. Beim Einatmen füllt sich ihr Körper, besonders der Bauch, er wölbt sich nach außen. Beim Ausatmen senken sich Bauch und Brust und werden hohl. Durch unsere sitzende und bewegungsarme Lebensweise hat sich unser Körper daran gewöhnt, es umgekehrt zu praktizieren. Wir ziehen beim Einatmen den Brustkorb hoch und ziehen den Bauch ein. Beim Ausatmen erschlafft d annder Körper, die Bauchdecke fällt nach außen. <u>Diese Methode ist geradezu widersinnig, da wir dem Atem, bevor er in den Körper strömen kann, bereits den Platz dafür nehmen.</u>

Wir sollten es also wieder lernen, „richtig" zu atmen: Beim Einatmen wird der Bauch weit vorgewölbt, beim Ausatmen deutlich eingezogen. So ist es richtig!

Diese Atemtechnik erfordert etwas Übung. Ich selbst habe das „richtige Atmen" auch erst trainieren müssen. Heute ist es mir ein Selbstverständnis geworden, <u>immer wieder so zu atmen.</u> Atmen ist Leben!

Bewusste Tiefenatmung verlängert das Leben und gibt ihm deutlich mehr Vitalität.

Liebe Leserin. Liber Leser,
Nun ist es Zeit, sich voneinander zu verabschieden. Ich hoffe, dass ich Sie ermutigen konnte, Alter nicht als Behinderung wahrzunehmen.
Und ich wünsche, dass Sie sich mit mir auf eine schöne und erfüllte Zukunft freuen können, denn es ist noch immer ALLES möglich.

Aber – lassen Sie es langsam (etwas langsamer) angehen!
Herzlichst, Ihre Ingrid Schlieske

Kostenlose Videos bei YouTube herunterladen

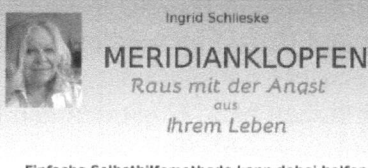

Trennkost bleibt nicht nur der Prominenz vorbehalten

Die Trennkost ist eine ideale Ernährungsweise, die in der Lage ist, den ernährungsbedingten Zivilisationskrankheiten Paroli zu bieten. Und dazu gehören Herz-kreislauferkrankungen genauso wie Gicht, Rheuma und Übergewicht. Dabei geht es keinesfalls um Hunger und Verzicht, sondern vielmehr um leckeres Speisen ohne schlechtes Gewissen.

Meridianklopfen – raus mit der Angst aus Ihrem Leben

Alle Probleme haben als Basis die Angst. Können die Ängste vom Schicksalsweg geräumt werden, lebt es sich leichter und schöner. „Wer ständig mit Ängsten lebt, stirbt 1000 Tode, wer ohne Ängste ist, stirbt nur einmal!" Auch Heilungen und alle Lebenspläne gelingen leichter, wenn die Ängste und Befürchtungen aus dem Geschehen genommen werden.

Das Japanische Heilströmen ist altes Traditionswissen

Wer gesund werden und gesund bleiben will, ist weitgehend auf Selbsthilfe angewiesen. Diese einfache Methode kann jeder sofort erlernen und täglich anwenden, indem die Fingerspitzen jeweils für wenige Minuten auf bestimmte Akupunkturpunkte gelegt werden. Damit wird der Energiefluß in den Meridianverläufen angeregt und Heilung gezielt unterstützt. Japanisches Heilströmen sollte jeder kennen und können.

Salbe selber machen kann man problemlos in Minutenschnelle

Es ist ganz einfach, sich seine Salben selber herzustellen. Diese haben den Vorteil, dass sie aus nur natürlichen Zutaten, gänzlich ohne jede Konservierung und andere Zusatzstoffe bereitet werden können.
Salben werden, wie die Tradition es verheißt, wirkungsvoll zur Unterstützung von Heilung, aber auch für kosmetische Zwecke eingesetzt. Es ist gut, wenn man eine so gute Salbe immer zur Hand hat.

Kostenloses Video bei YouTube herunterladen

Crashkursus im Jungbleiben – auch das will nämlich gelernt sein

Ich habe für S e einige wichtige Informationen zusammengetragen, die kluge Wissenschaftler, die das Altern erforscht haben, herausgefunden haben. Besonders wichtig für uns alle aber ist es, dass man nicht einmal Extrakosten hat, um selbst ein intelligentes Jung-Management nutzen zu können. Schauen Sie mal an, wie einfach so ein Jungprogramm zu realisieren ist.

Rheuma – eine Reihe von Maßnahmen vermögen diese Erkrankung oft zu entschärfen

Freilich, diese bedrohliche Krankheit kann in Invalidität führen und ist oftmals mit schlimmen Schmerzen verbunden. Ich rate jedem Betroffenen es unbedingt auch mit den alternativen Heilmethoden zu versuchen. Wichtig allerdings ist es, diese konsequent einige Monate durchzuführen. Dies weil teure Medikamente stattdessen Nebenwirkungen haben.

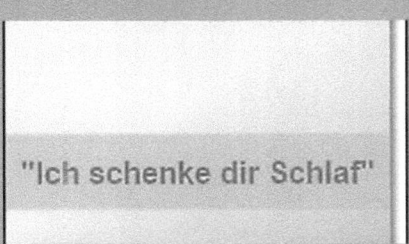

Ich schenk Dir Schlaf – Sie glauben das nicht? Probieren kostet nix!

Das schönste Kompliment, das mir die Zuhörer meiner Schlafmeditation machen ist, dass sie es bisher noch nicht geschafft haben, den Text zuende zu hören, sie seien immer vorher eingeschlafen. Tatsächlich ist es erstaunlich, wie einfach es ist, sich in Morpheus Arme zu begeben, wenn man sich ganz auf eine schöne Visualisierung einlässt. Lassen auch Sie sich von mir in den Schlaf begleiten.

Besseres Gedächtnis - fit im Kopf! Es liegt in Ihrer Hand, sich geistige Frische zu erhalten

Das Gehirn ist wie ein Muskel, der sich trainieren lässt. Es gibt eine Reihe von Tipps und Tricks, die zu besseren Denkleistungen verhelfen. Es ist eine Fehlinformation, dass im Alter das Gehirn zwangsläufig abbaut. Das passiert nur, wenn Sie es zulassen. Tröstlich ist nämlich, dass es oft nur kleiner Maßnahmen bedarf, damit statt des Abbaus neue Neuronen im Gehirn entstehen.

Meine Bücher - ergänzend zu den Themen & Videos

Erhältlich bei AMAZON

Die Baustellen des Alters

In den späteren Jahren wird das Instand-haltungsprogramm schon ein bischen aufwändiger. Schließlich ist man im "knackigen Alter" - es knackt hier und es knackt da. Wie man dennoch prima über die Runden kommt und optimale Gesundheit erreichen kann, sollen kleine Tipps und Tricks verraten..

Trennkost nicht nur für Prominenz

Ein kluges Ernährungsmanagement entscheidet weitgehend über den Gesundheitszustand der Bürger. Es geht bei der Trennkost nicht um Hunger oder Verzicht, sondern um die Sortierung gesunder Nahrung, die alle wichtigen Nährstoffe enthält. Wer fit ins Alter gehen will, braucht dafür eine gute Planung.

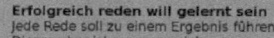

Erfolgreich reden will gelernt sein

Jede Rede soll zu einem Ergebnis führen. Dieses aber ist nur zu erreichen, wenn der Aufbau einer Rede klug geplant ist und zielgerichtet aufgebaut wird. Eine gute Rede bedarf eine Strategie. Dabei geht es um einen Vortrag genauso, wie für ein Beratungsgespräch oder eine Aussprache. Eine passende Dramaturgie macht eine Rede lebendig und überzeugend.

Keine Lust auf Sport?

Nun, da sind wir wohl nicht die Einzigen. Dennoch muss ein wenig Bewegung ins Leben kommen. Wie man das trickreich macht, ohne sich quälen zu müssen, verrät dieser kleine Ratgeber. Wirkungsvolle Übungen können als Selbstverständnis und unauffällig in den Tagesablauf eingebaut werden. Probieren Sie es aus!

EssSucht ist zu überwinden

Und es ist legitim, sich dafür einige Tricks zu reservieren. Denn es ist nicht leicht, eine Sucht tatsächlich dauerhaft loszuwerden. Jede Sucht ist leider sehr anhänglich und lauert nur darauf, ihr "Opfer" wieder in die Fänge zu bekommen. Die Autorin, selbst essüchtig, berichtet, wie man dennoch nachhaltig siegreich bleiben kann.

Raus mit der Angst aus Ihrem Leben

Es lohnt sich, die Angst und auch die kleinen Ängste und Befürchtungen vom Lebensweg wegzuschaufeln. Wer sorglos lebt, lebt frei und in aller Regel auch gesünder und glücklicher.
Angst ist es, die das Leben schwer macht und nicht zulässt, das Betroffene leichten Schrittes ihrem Schiksal entgegen gehen. Diese einfache Selbsthilfemethode ist leicht zu erlernen.

Anti-Aging zum Nulltarif

Den Jungbrunnen gibt es tatsächlich. Kluge Forscher in aller Welt haben herausgefunden, wie jedermann mit einfachen Mitteln an der jung-Schraube drehen kann und sein biologisches Alter um einige Jahre zurückdrehen kann.
Besonders sensationell ist, dass man es schaffen kann, deutlich jünger zu bleiben, als der Ausweis es zeigt.

Gesunde Ernährung für Kinder

In diesem Ratgeber wird eine Ernährungsweise vorgestellt, wie sie ideal für Kinder, aber druchaus auch für Erwachsene ist. Die ganze Familie kann hier also partizipieren. Und noch dazu kann einmal ausprobiert werden, wie die leckeren Rezepte schmecken, die in Bild und Text vorgestellt werden.
Kinderernährung ist oberlecker. Porbieren Sie es einfach aus. Die Kinder werden es lieben und ihre Eltern auch.

Japanisches Heilströmen HAUSAPOTHEKE

Diese Selbsthilfemethode sollte jeder kennen und können.
Durch einfaches Halten von bestimmten Akupunkturpunkten, nur für jeweils einige Minuten, kann gezielt Einfluss genommen werden auf unser körpereigenes Regenerationssystem, Reparatursystem, also auf das Heilungsgeschehen. Dafür wird der Energiefluss in den Meridianverläufen gezielt aktiviert.

Erfolg ist keine Folge von Zufällen

Erfolg will geplant sein und folgt ganz bestimmten Regeln. Wer mit seiner Selbstständigkeit nicht auf die Nase fallen will, sollte sich gut vorbereiten und einmal Inachlesen, was Mitbewerber richtig gemacht haben, wenn sie erfolgreich sind und welche Fehler sichtbar werden, wenn sie scheitern. Freilich, Garantien gibt es nie, aber die Wahrscheinlichkeit für einen erfolgreichen Start kann man fraglos erhöhen.